プロフェッショナル

走塁
解体新書

荒木雅博
（元中日ドラゴンズ）

KANZEN

はじめに

走塁に興味が湧くきっかけになった「伝説の走塁」

私には、今も忘れられない走塁がある。

1987年の日本シリーズ、西武対巨人の第6戦。西武が1点リードで迎えた8回裏、二死一塁から秋山幸二さんがセンターの左へヒットを放つと、一塁走者の辻発彦さんが三塁をノンストップで回り、一気にホームに生還した。通常であれば、三塁にストップの場面であったが、辻さんも三塁コーチの伊原春樹さんも、センター（ウォーレン・クロマティ）の緩慢な守備を最初から狙っていた。この1点によって試合の大勢は決まり、西武が日本一を勝ち取った。球史に残る「伝説の走塁」である。

当時、私は小学4年生。生中継を見ていたか、スポーツニュースで見たのか定かではないが、「かっこいい。自分もああいう走塁をやってみたい！」と思ったことをよく憶えている。

子どもの頃から、足が速かったこともあり、走ることが好きだった。最初は得意げに盗塁を決めていたが、辻さんの芸術的な走塁を知ってから、守備陣の隙を突く走塁に快感を覚えるようになった。「こんなこともできるのか、あんなこともできるのか」。その興味はプロ野球選手になってからも薄れることはなく、ほかの選手の好走塁を見ると、「おれにもできるんじゃないか？」と次の日から試していた。

たとえば、私が走者一塁にいる場面で、レフト前にヒットが飛んだとする。一般的には、レフト前で三塁を狙うのは難しく、レフトの選手も「さすがに三塁までは走らないだろう」と思っていることが多い。

二塁を回る前からあえて減速をして、レフトの動きを見ておくと、レフトと目が合う瞬間がある。外野手は打球を捕る前に、走者の動きを確認する習性があるのだ。私はセカンド、ショートを守ることが多かったが、若いときは外野も守っていた。だから、外野手の心理もよくわかる。走者の目を見たときに、スピードを緩めているのがわかると、「二塁でストップね」とさほど急ぐこともなく捕球体勢に入る。ここに心理的な油断と隙が生まれるのだ。レフトが目を切った瞬間に一気にスピードを上げて、三塁を狙う。レフトが気付いたときには、もう数メートルは先に進んでいるため、そこから三塁へ投げても絶対にアウトにはならない。

相手の目を見る技術は、チームメイトの福留孝介がやっているのを見て、「これは使える！」

と取り入れるようになった。誰かに教わったわけではない。

仮に最初から、トップスピードで二塁ベースを回ろうとすると、レフトもバックサードの準備をするため、油断は生まれにくい。「走塁＝全力疾走」のイメージが強いと思うが、決してそんなことはない。むしろ、全力で走ると視界が狭まり、判断力が鈍る。このあたりは、本編でじっくりとお話したい。高度な技術ではあるが、守備者と駆け引きができるようになると、走塁がより一層面白くなる。

そして、レフトがサードに送球をするということは、打者走者が二塁に進むチャンスが生まれる。私が三塁を狙う動きを見て、必ず二塁を陥れていたのが森野将彦だった。100パーセント着いてくるために、「何でわかるの？」と聞いたところ、「荒木さんがスピードを緩めたときは、三塁を狙っているときなので」とサラッと答えた。決して、森野は足が速い選手ではないが、いわゆる『野球小僧』であり、自分がうまくなるために貪欲に学ぶ姿勢があった。

記録に現れない走塁にこそ技術が集約されている

ホームランのすごさは誰もがわかるところだが、走塁技術はなかなか伝わりにくい。スコアブックに記されないところで、勝敗に関わることが多く、いわば黒子のような存在だ。

代表的な事例に、一塁走者の偽走スタートがある。盗塁のスタートを切ったふりをして、バッテリーや二遊間にプレッシャーをかける技術だが、キャッチャーはその動きに惑わされて、二塁送球のためにフッと腰が浮くことがある。それによって、ピッチャーの球が浮き、甘く入ったところを逃さずに捉えてホームランを放つ。長い現役生活の中で、こうしたシーンを何度も目にしてきた。ホームランを打った打者はもちろんすごいのだが、その裏には、「走った!」と思わせた一塁走者の本気の偽走スタートがあったと言える。

チーム全体でこの視点を持てるようになれば、間違いなく強くなる。指揮官である監督が、「今のは一塁ランナーが打たせたホームランだな」と偽走スタートを褒めてあげれば、走塁の大事さがより浸透するのは間違いないだろう。振り返ってみれば、落合博満さんは多くの人が気付いていないであろう走塁をしっかりと評価してくれる監督だった。私のように走塁が武器の選手にとっては、非常に嬉しいことである。

私の感覚では、年間140試合以上戦うプロ野球で、走塁で勝敗が決まるのが10試合。「たった10試合?」と思うかもしれないが、仮にすべてを勝ちにつなげることができれば、借金10のチームが勝率5割で戦える。打った、打てなかっただけではないところで、これだけの差が出るのだ。

本書は、『走塁解体新書』と題して、私がプロの世界で実践してきた走塁術を写真やイラスト、動画を交えながら、可能なかぎりわかりやすく解説する一冊である。打者走者から始まり、走者一塁、二塁、三塁時のポイント、さらに走塁と裏表の関係にある守備側の注意点など、細かいところまで取り上げていく。

現役時代、「荒木は感覚が鋭い。荒木だからできる走塁」と言われたことがあったが、感覚や感性だけでプロで23年間も戦い抜くことはできない。さまざまな試行錯誤を繰り返し、荒木雅博なりの理論や根拠を見つけ出してきた。

本書の注意点をひとつ記しておきたい。これから紹介する理論や考え方は、私の骨格や体のバランスに合ったやり方であり、全員に合うものではない。「ひとつのやり方」として、試してもらえれば幸いである。たとえば、一塁走者のリード姿勢は、重心の低さや足の開き方など、それぞれに合う方法があり、最終的には自分で探していくものだ。

２０１９年に内野守備走塁コーチに就いたときも、全員を私の理論にはめることはなかった。一緒にコーチをやっていた英智さん（蔵本英智）が、「４スタンス理論」を勉強していたこともあって、私の教え方に合わないと思えた選手は「ヒデさん、見てもらっていですか」とお願いしていた。実際、英智さんに預けたことによって、内野手のスローイングが改善された例が何度かあった。それだけ、人の体の使い方には個性があるということだ。

高校野球では2024年の公式戦から、従来のバットよりも反発力を抑えた「新基準バット」が導入される。これまでの金属バットよりも長打力が落ちるとなれば、走塁の重要性がより高まるのは間違いないことだろう。

野球という競技はよくできたもので、無死一塁からアウトひとつと引き換えに進塁しても、一死二塁、二死三塁、スリーアウトチェンジで得点は入らない。長打を打つか、あるいは盗塁や好走塁を絡めて、2つ以上の塁をまたぐ必要がある。ノーヒットでも得点を取れるのが野球の面白いところで、四球、盗塁、犠打、犠飛で1点をもぎとれる。相手からすれば、これほど嫌な点の取られ方はないものだ。

「この選手は塁に出したくない」と思われたら、こっちのものだ。けん制が多くなれば、ピッチャーのリズムは当然狂う。足で守備側の心をかき乱す。

森野にしろ、福留にしろ、走塁がうまい選手に共通しているのは、「走塁に興味を持っている」ということだ。もちろん、私もそのひとり。直線のスピードがどれだけ速くても、興味がない選手は、猪突猛進のプレースタイルで走るだけ。これでは、せっかくのスピードも宝の持ち腐れ。もったいない。

今、本書を手に取っているということは、走塁に興味を持っている証だろう。選手であれば「もっと走塁がうまくなりたい」、指導者であれば「選手にどのように教えれば、うまく伝わるのか」。その気持ちがあるかぎり、走塁は必ずうまくなる。私は現役を退いたあとも、「こんな走塁ができたら、面白いんじゃないか」と、興味を薄れることは一度もなかった。

本書を読み終えたとき、ひとりでも多くの読者が、走塁の楽しさ、奥深さに気付いてくれれば、これ以上の喜びはない。ぜひ、最後までお付き合いください。

現役時代は通算378盗塁、2004〜2009年まで6年連続で30盗塁をマーク

まるで“飛ぶ”ような超低空ヘッドスライディングも、荒木雅博の代名詞

プロフェッショナル 走塁解体新書【目次】

PART 1 打者走者

PART 2

一塁走者

PART 3 二塁走者

PART 4 三塁走者

動

このアイコンメニューがついている練習メニューは
動画で確認することができます。
https://www.baseballchannel.jp/etc/177313/

PART 1 打者走者

PART 1 打者走者

[一塁駆け抜け]気持ちを切り替え全力疾走!

全力で走る姿が守備のミスを引き起こす

「陣地取りゲーム」である野球は、本塁から一塁、二塁、三塁、そして本塁に戻ってくることで得点が記録される。「本塁に生還する」という言葉には、「アウトにならずに生きて還ってくる」という意味が含まれている。たとえ、スタンドインでのホームランであっても、どこかでベースを踏み忘れれば、得点は認められない。すべての始まりは本塁からで、打者はバットにボールが当たった瞬間から走者となり、一塁への進塁義務が生まれる。

第1章では、打者走者の走塁に焦点を当てて、解説を進めていきたい。野球を始めたばかりの小学生であっても、プロ野球選手であっても、一塁に走るシチュエーションは必ず起こる。

たとえば、ピッチャーを含めた内野ゴロ。最大の鉄則は、全力で一塁に向かって走ることだ。「何を当たり前のことを」と思うかもしれないが、じつはこれが非常に難しい。

MEMO
・全力疾走が相手のミスを誘う！
・打った直後には気持ちの切り替えを！

イメージしてみてほしい。ピッチャーにボテボテのゴロを打ったとき、全力で一塁に走れるだろうか？

大半の選手は、「間違いなくアウトだ……」とスピードを緩めてしまう。その気持ちは十分にわかる。だからこそ大事にしてほしいのは、「気持ちをすぐに切り替えて、全力で走る！」こと。打ち損じて気持ちが落ちるのは仕方ないが、終わった打席を悔いても次のプレーにはつながらない。コンマ数秒でも早く、「打者」から「走者」に心を切り替えたい。

全力で走っている姿を見ると、野手は焦るものだ。平凡なショートゴロであっても、捕球後に顔を上げて打者走者を見たときに、思った以上に進んでいると、「こんなに速かった？」と感じるもの。それが焦りを生み、握り替えや送球のミスにつながる。チーム全体で全力疾走を徹底していると、相手の内野手には「捕ってから早く投げなければいけない」という意識が勝手に刷り込まれ、日頃の練習とは違う動きになる。

プロ野球のピッチャーの場合、次のイニングのピッチングを第一に考えて、早い段階でスピードを緩める光景をよく見るが、桑田真澄さんは常に全力で走っていた。子どもたちの手本となる姿であり、今の若いプロ野球選手にも見習ってほしい姿である。

PART 1 打者走者
PART 2 一塁走者
PART 3 二塁走者
PART 4 三塁走者

どんな打球でも全力で一塁まで駆け抜けることが、相手のミスを誘うことにもつながる

［一塁駆け抜け］原則としてスリーフットラインの中を走る

送りバントを決めたときこそ走路を意識

野球場には、本塁と一塁の中間地点からスリーフットラインが引かれている（図1参照）。一塁ファウルラインからスリーフィート（91・44センチ）の間隔であり、打者走者は原則としてこの中を走ることが望ましい。一塁ファウルラインの内側を走り、送球を妨害したときには、「守備妨害」を宣告される。

公認野球規則5・09（a）（11）にはこのような記述がある。

（a）打者アウト

打者は、次の場合、アウトになる。

MEMO
・スリーフットラインを外れて走ると「守備妨害」をとられる可能性がある
・送りバントをした際は特に注意が必要！

(11) 一塁に対する守備が行われているとき、本塁一塁間の後半を走るに際して、打者がスリーフットラインの外側（向かって右側）またはファウルラインの内側（向かって左側）を走って、一塁への送球を捕らえようとする野手の動作を妨げたと審判員が認めた場合。

あまり見ない状況であるが、スリーフットラインの外側を走り、守備を妨害したときにもアウトとなる。

この走路を気にすべき状況は、**一塁側への送りバントのときだ**。打者走者がラインの内側を走ると、送球が体に当たることがある。この瞬間に守備妨害となり、**二塁に進んだ走者は一塁に戻される**。私自身、守備者の送球を絶対に邪魔しないように、犠打のときはいつも以上に一塁ファウルラインの外側（＝スリーフットラインの内側）を走る意識を持っていた（図❷参照）。

ただ、時代とともにルールは変わるもので、ＭＬＢでは２０２４年から以下のようなルール変更が決定したという。

●本塁から一塁への走路をスリーフットレーン以外にベースラインの内側、フェアグラウンドの土の上まで広げる（芝生の上はＮＧ）

日本では従来のルールが適用されていることを考えると、プレーヤーのマナーとしても、スリーフットラインの中を走ることを推奨したい。

[図1] スリーフットラインとは

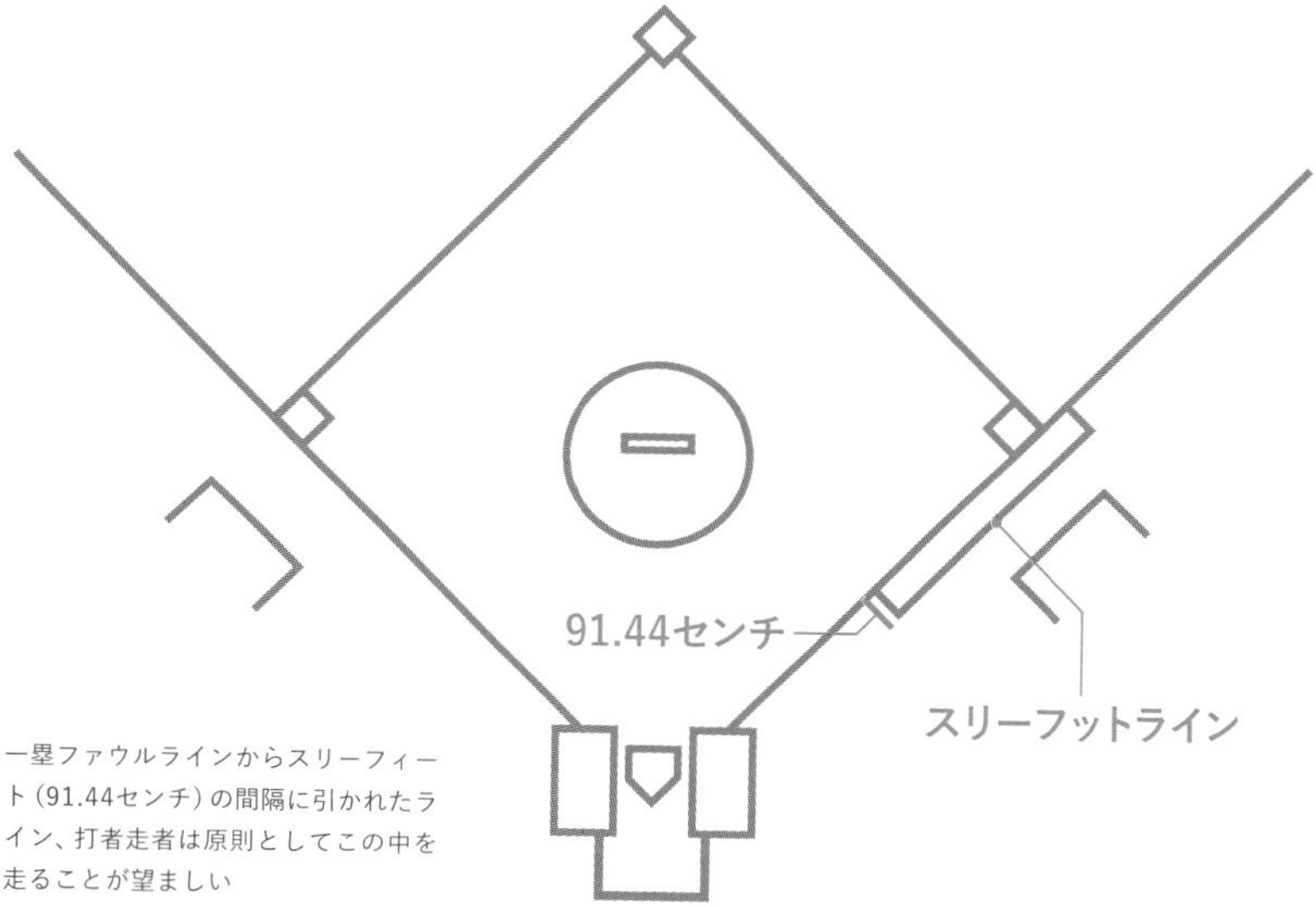

一塁ファウルラインからスリーフィート（91.44センチ）の間隔に引かれたライン、打者走者は原則としてこの中を走ることが望ましい

[図2] スリーフットラインの内側を走ると……

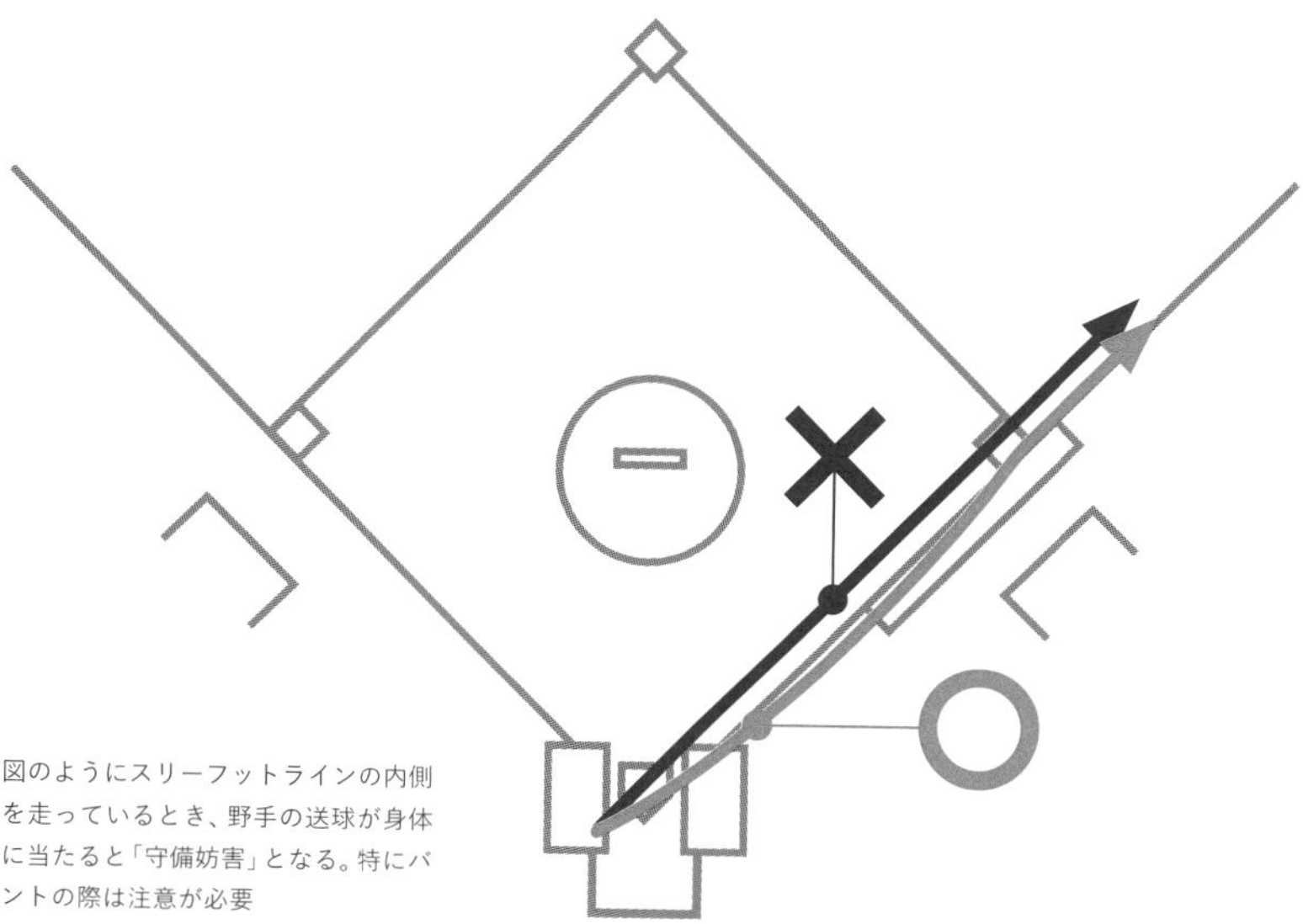

図のようにスリーフットラインの内側を走っているとき、野手の送球が身体に当たると「守備妨害」となる。特にバントの際は注意が必要

PART 1 打者走者

［一塁駆け抜け］駆け抜け最大のNGは減速すること

かかとを痛めないためにベースの上を踏む

野球界には古くから「一塁ベースは左足で踏みましょう」という教えがある。

理屈はよくわかる。右足でベースを踏もうとすると、打者走者の左足とファーストの足が稀に接触し、ケガの危険がある。ただ、プロ野球を見ていても、右足で踏んでいる選手はたくさんいて、私もこだわりはまったくなかった。

一番避けなければいけないのは、「左足で踏まなければいけない」と思い過ぎて、歩幅が小さくなり、最後に足を合わせてしまうことだ。踏む足のことばかりを考えて、減速してしまうのはもったいない。結論としては、「どっちでもいいですよ」ということになる。右足で踏む場合には、多少ファウルゾーンに体を逃がすように踏んだほうが、左足がファーストにぶつか

1

ベースの前側を踏むとかかとに強い衝撃が加わり、ケガの原因になることもある

2

「真ん中を踏む」ことを意識すれば、本能的にベースの右側を踏むことになる

MEMO
・ベースを踏む位置は真ん中でOK!
・ベースを踏む足は意識し過ぎないように!
・ヘッドスライディングは否定しないがケガのリスクもある

るリスクを減らすことができるが、過剰に意識しなくてもいいだろう。

ベースを踏む位置は、真ん中でいい。ファーストの足がある分、本能的にベースの右側を踏むケースが多くなる(写真1参照)。「ベースの前側を踏む」という教えも聞いたことがあるが、強く踏もうとすると、かかとにかかる衝撃が強くなり、かかとを痛めてしまう(写真2参照)。一塁までの距離を考えると、できるかぎり手前を踏んだほうが早く到達できるのはわかるが、ケガをしてしまうと元も子もない。

ケガと言えば……、賛否あるのが一塁へのヘッドスライディングだ。私は、勝負がかかった場面でギリギリのタイミングであれば、頭から滑っていた。なぜなら、「駆け抜けるよりも速い」という絶対の自信と確信があったからだ。私の場合は、完全に跳ぶような滑り方のために摩擦が少ない。しかし、その代償は大きく、着地の衝撃で左肩を何度も痛めた。

だから、強くはおすすめできない。セーフになる代わりに、ケガを負うリスクもわかっておかなければならない。WBCや日本シリーズのような短期決戦や、高校野球のトーナメントになると気持ちが前に出るため、ついつい頭から滑ってしまうものだが、「気持ちを出す以上に、足を前に出そう」と伝えたい(高校3年生の夏、9回二死からヘッドスライディングをするシーンをよく見るが、あれも含めての高校野球だと思っているので、そこまでは否定しない)。

［一塁駆け抜け］ライト前の打球はまず直線で走る

ライトゴロには要注意！

2023年6月2日に行われた中日対オリックス。11回裏、二死満塁からルーキーの村松開人がライト前ヒットを放ち、サヨナラ勝ちを収めた。私はこのとき、一塁コーチボックスに入っていたが、村松の走路にヒヤリとした。一、二塁間を抜けたところで、通常のライト前ヒットのように膨らもうとしたのだ（図3参照）。このとき、ライトの茶野篤政選手は前進守備を敷いていて、打球が飛んだ瞬間からライトゴロを狙っていた。オリックスの守備陣がサヨナラ負けを防ぐには、それが最善の策だった。

途中からそれに気づいた村松は、慌てて走路を変えて、一塁ベースに向かって真っすぐ走り込み、最後は足からのスライディングで何とかライトゴロを免れた。私も声を出していたが、村松に届いたかはわからない。テレビには、喜ぶベンチとは対照的に、一塁コーチボックスで怒っているような私の姿が映し出されていた。「何をやってんだよ……」という気持ちがあったのはたしかだが、そこまで教え切れていなかったことも事実である。

一、二塁間を抜ければ、99パーセントはヒットであるが、**残りの1パーセントに賭けてライトゴロを狙ってくる外野手がいる。**特に前進守備を敷いているとなれば、なおさらだ。打席に入る前から、そのプレーがイメージできていたか。ベンチからの声かけも必要だったかもしれない。サヨナラの場面だったために余計にクローズアップされたが、**ライトが通常よりも前に守っているときは常に注意しておかなければいけない。**痛烈な打球の場合は、真っすぐ全力で駆け抜けようとしてもアウトになるときがあるので、そこは仕方がないところだが。

また、守備側の視点に立つと、外野に打球が抜けると、ファーストは本能的に一塁ベースを空ける習性がある。当然、ライトゴロを狙うにはファーストが一塁ベースに着いておくことが必須で、このあたりの連携プレーも大事になってくる。あらかじめ、声をかけ合っておくといいだろう。

MEMO

・ライト前ヒットの際は状況次第で走路を変える
・相手の守備位置をあらかじめ確認しておこう
・強い打球の場合は特に注意が必要!

[図3] ライト前ヒットの際の走路

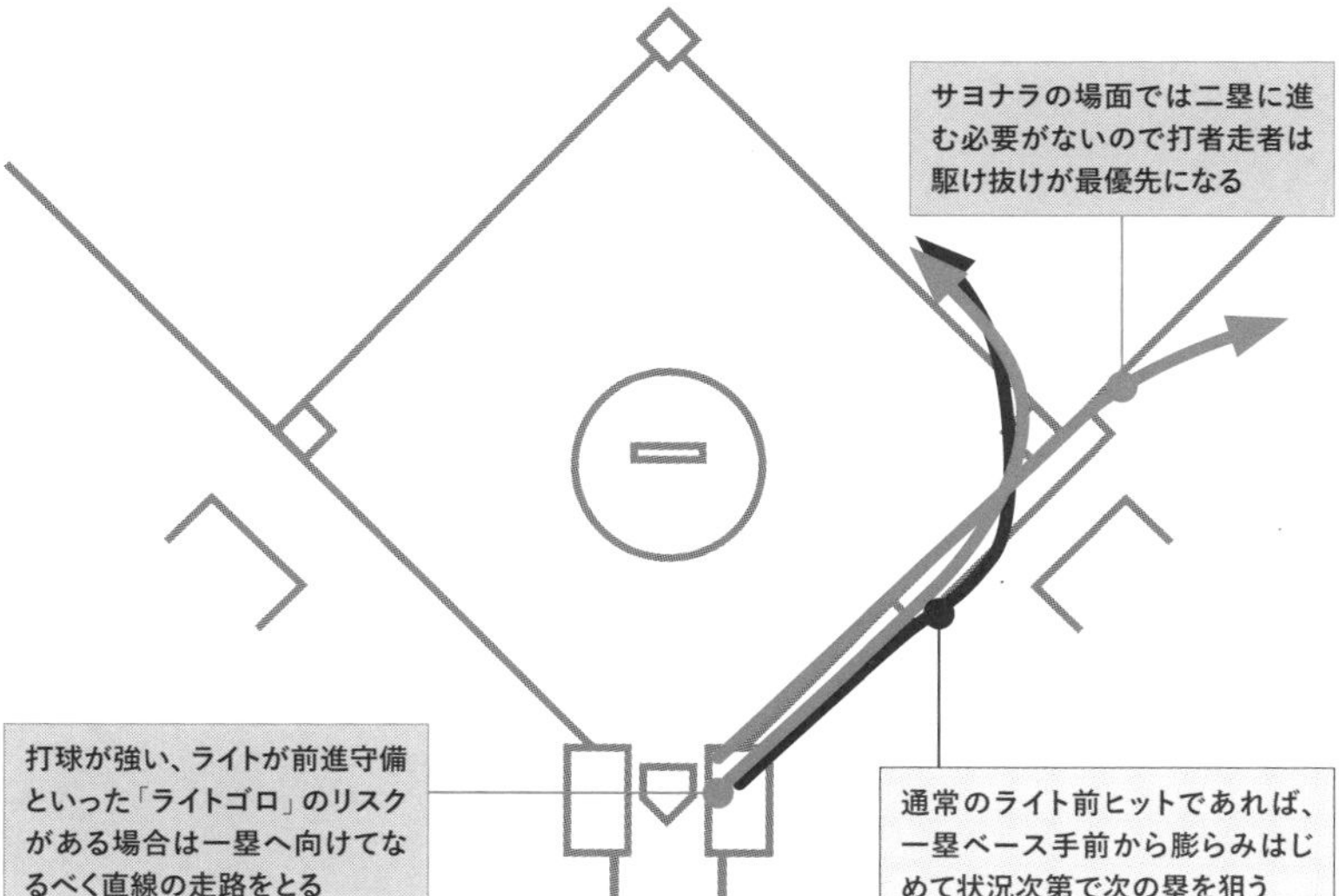

サヨナラの場面では二塁に進む必要がないので打者走者は駆け抜けが最優先になる
打球が強い、ライトが前進守備といった「ライトゴロ」のリスクがある場合は一塁へ向けてなるべく直線の走路をとる
通常のライト前ヒットであれば、一塁ベース手前から膨らみはじめて状況次第で次の塁を狙う

PART 1 打者走者

［一塁駆け抜け］走者三塁からの内野ゴロは挟殺を想定

二塁を狙う走路に切り替える

前ページでも書いたように、本塁から一塁の走路は、走者や守備位置によって変わっていく。もうひとつの例として、一死三塁、前進守備の場面で、ショートゴロを打ち、三塁走者が本塁に走ったときのプレーをイメージしてほしい。本章の最初に解説したとおり、「一塁駆け抜け＝全力疾走」が鉄則ではあるが、この場面だけはその前提から外れる。なぜなら、本塁がよほどギリギリのタイミングでないかぎりは、ショートがキャッチャーに投げたあと、三本間で挟殺プレーが始まるからだ。

このとき、打者走者として考えることは、挟殺プレーが行われている時間を利用して、二塁まで走ることである。それに気づかずに、一塁をそのまま駆け抜け、そこから二塁を狙おうとしたときには、時すでに遅し……。三塁走者のアウトは仕方がないとして、二死一塁から始まるか、二死二塁から始まるかでは、大きな違いがある。

打者としては、事前に守備位置を確認したうえで、捕球した内野手がどこに送球したかを見ておかなければならない。前進守備なら本塁に投げるが、定位置であれば、「１点０Ｋ」でファーストに投げてくる。本塁に送球したのであれば、減速しても構わないので、一塁ベースの手前を少し膨らむ形で二塁を狙う走路を取る（図4参照）。一塁コーチャーは一塁ベースに近付き、二塁方向を指差して、大きなジェスチャーと声で指示を伝える必要がある。

挟殺での時間の稼ぎ方は、三塁走者の章でお話したい（１８２ページ）。「どうせアウトだ」とあきらめて、無抵抗でキャッチャーにタッチされることだけは避けなければいけない。どのようにして、時間を稼いで、打者走者を二塁に進塁させるか。プロのレベルになれば、挟殺から逃れることは相手のミスがないかぎりは難しいが、アウトになるまでの時間を稼ぐ方法はあるのでぜひ参考に。

MEMO
・走者三塁の場合のみ、状況次第で二塁を狙うケースがある
・打ったあと、野手がどこに送球するかをチェックしよう

[図4] 走者三塁時の打者走者の走路

以下のケースのみ、二塁を狙う走路に切り替える必要がある

- 一死三塁
- 内野ゴロで野手が本塁に送球
- 三本間で挟殺プレーが始まる可能性が高い

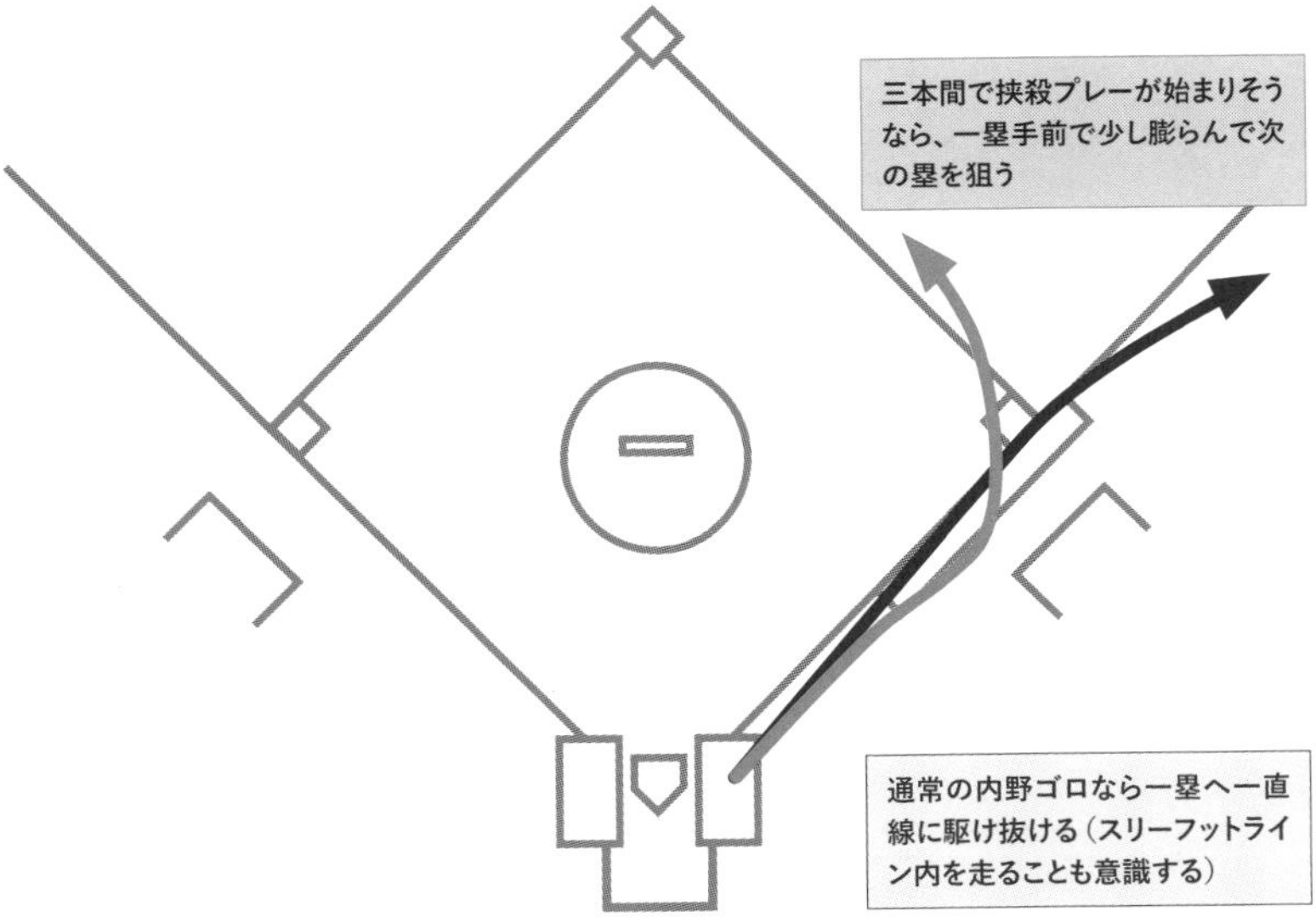
三本間で挟殺プレーが始まりそうなら、一塁手前で少し膨らんで次の塁を狙う
通常の内野ゴロなら一塁へ一直線に駆け抜ける（スリーフットライン内を走ることも意識する）

［外野へのヒット］オーバーランはスピードに強弱を付ける

スピードを緩めるからこそ次塁を狙える

ここからは、外野手の前にヒットを打った場合の走塁を解説していきたい。

内野をゴロで抜ける当たりの場合は、最初は一塁ベースに向かって真っすぐ走り、打球が抜けたのを確認してから、膨らみを入れてベースを回る。内野ゴロ時の駆け抜けと大きく違うのは、ベースを回る前で、「減速していい」ということだ。

大前提として、外野手の前へのヒットは、相手のミスがなければシングルヒットで終わるプレーである。全力で突っ込んでも減速しても、シングルヒットであるのなら、相手に隙が生まれたときに二塁を陥れる走塁を考えるべきである。

減速する狙いは、視界を広げるとともに、スピードに強弱をつけることだ。車の運転にも言えることだが、速度を上げれば上げるほど、視界は狭くなり、判断力が鈍る。人が走るのも同じことだ。抽象的な表現になるが、「**はじめは全力で、途中で緩めて、野手が捕るのに合わせてスピードを上げていく**」。

高校野球でよく見るのが、勢いよくベースを蹴り、右足で「ザザーッ」とブレーキをかけるようにして止まることだ。一見するとスピードに乗った走塁のように見えるが、あらかじめ止まることが前提のオーバーランであり、仮に外野手がファンブルをしたとしても、そこからギアを入れ直すのは難しい。私の場合は、**ベース付近はややスピードを落として、外野手が捕るところに合わせて、加速する**ようにしていた（32ページ参照）。スピードを緩めることによって、加速ができる。「スピードを落とす」という感覚がなかなか伝わりにくいのだが、表現を変えれば、「ニュートラルの状態を作る」と言えるだろうか。自ら余計なギアを入れる必要はない。

外野手には悪いが、「ミスをしろ、ファンブルをしろ」と心の中で念じながら走っていた。特に、バウンドが合っていない外野手のときは狙い目だ。芝生が荒れやすい地方球場の場合は、打球が不規則に跳ねやすいこともあり、ヒザを着いて捕ろうとする外野手もいる。「しっかりと確実に捕りたい」という意識の表れであるが、これは逆効果で対応できる幅が狭くなりやす

MEMO
・スピードを緩める「ニュートラル」の感覚を身に付けよう
・外野手が捕球したタイミングに合わせて加速できる準備を！

い。雨が降っているときや、雨上がりの人工芝にも同じようなことが言える。私はウォーミングアップ時に、外野のグラウンドコンディションをチェックするのをルーティンにしていて、こうした習慣が好走塁につながっていく。

走塁のすべてに当てはまることだが、「相手が打球を弾いたから（ミスをしたから）次の塁を狙う」ではなく、「相手が捕ったから止まる」という考えが重要になる。「弾いたから走る」では判断が遅い。常に狙う意識を持った中で、「ミスがなかったから止まる」を心がけてほしい。

じつは、こうしたプレーは、高校時代にテレビで見た秋山幸二さんの走塁がヒントになっている。当時はダイエーホークスでプレーをしていた。レフト前に放った強めの打球を、ヒザを着いたレフトが小さく弾いたのを見て、秋山さんは迷うことなく二塁を陥れたのだ。

「面白い。おれもやってみたい！」

当時の私は、バッティングに自信がなく、走塁と守備が売りの選手だった。攻撃面で目立つには、走塁でアピールしていくしかない。盗塁だけではないところで、次塁をどのように奪っていくか。秋山さんの走塁を見て、自分自身で練習を繰り返すようになってから、「一生懸命走っているだけでは、二塁には行けない。捕球のタイミングに合わせて、スピードを上げていくことが大事」と気付くようになった。興味を持つことで、走塁は間違いなくうまくなる。

1

2

オーバーランの加速タイミング

オーバーランする場合、ベース付近はややスピードを落として、
外野手が捕るところに合わせて、加速するようにするとスピードに乗りやすい

3
外野手の
捕球タイミングに
合わせて加速!

PART 1 打者走者

［外野へのヒット］打球の位置によってオーバーランの距離は変わる

もっとも距離を取れるのがレフト前ヒット

オーバーランの距離は、打球の方向によって変わっていく。

改めて言うまでもないことだが、一塁からもっとも遠いのはレフト、次にセンター、ライト。「距離が遠い＝外野手の送球からファーストの捕球までの時間がかかる」となり、**レフト＞センター＞ライトの順で、大きくオーバーランを取れる**（図5参照）。極端なことを言えば、肩が弱いレフトであれば、一、二塁間の真ん中あたりまでオーバーランをしても構わない。レフトが少しでもジャッグルすれば、二塁を陥れることができる。

実際に、練習の中でレフト・ショート・ファーストのカットプレーで、送球が返ってくるまでの時間を計ってみるといいだろう。自分が思っている以上に、時間がかかるものだ。仮に、レフトがダイレクトで投げてきたときには、セカンドを陥れるチャンスが生まれる。

聞いた話であるが、イチローさんがファームで頭角を表してきた頃、センター前ヒットで塁間の半分近くまでオーバーランをしていたという。それを繰り返していると、センターがオーバーランを刺すために、ファーストに投げてきたが、「待っていました」とばかりに悠々と二塁に進んだそうだ。イチローさんにしてみれば、「してやったり」。外野手からすると、こんなに屈辱的なこともないだろう。

オーバーランで気をつけたいのは、ライト前ヒットのときだ。**レフト前、センター前のときと同じ感覚で出ると、ライトからの送球でアウトになってしまう**恐れがある。私の感覚で言うと、「ライト前ヒットはつまらない」。無理に二塁を狙って、アウトになることだけは避けておきたい。

「はじめに」で記したとおり、私は外野手の経験がある分、「この体勢で捕ると、立て直すまでに時間がかかる」「この打球は気を緩めて捕りにいきがち」「これなら走者を刺せる」など技術面や心理面の細かいところまで読み取ることができた。これが、走塁に大いに生きていた。

たとえば、左中間の打球に対して、右投げと左投げのレフトがいたときにどちらのほうが捕球後にセカンドに投げやすいか。走り込んで打球を捕ったと仮定した場合、右投げは体勢を立

MEMO
・打球方向によって、オーバーランの距離は変わる
・特にレフト前ヒットの際はいつでも二塁を狙える準備が必要
・オーバーランの距離は自身の走力なども考えて決めよう

て直す時間が必要になるため、打者走者は二塁を陥れる可能性が広がる。体勢が崩れたまま投げようとすれば、コントロールはぶれるものだ。すなわち、同じ打球だったとしても、右投げであればノンストップで一塁を回り、二塁を狙っていく。

私からの提案としては、**本職が内野手であっても、あえて外野ノックに入ることをおすすめしたい。外野手の心理を知ることで、走塁術を磨くヒントを必ず掴めるはずだ。**

守備側の視点に立つと、センター前ヒットのときにはこんな裏技がある。

打者走者はファーストが一塁ベースから離れると、大きなオーバーランを取りやすい。その心理を逆手に取り、あえてファーストが離れることによって、大きく出やすい状況を作り出す。そして、その裏からキャッチャーが一塁ベースカバーに走り込み、センターからのダイレクト送球でアウトにする。打者走者からすると、キャッチャーは背後にいるため、見えていないのだ。高木守道さんが中日で監督をしていたときに、実際に練習していた技である（残念ながら、公式戦で披露することはできなかった）。

[図5] 打球方向別・オーバーランの距離の目安

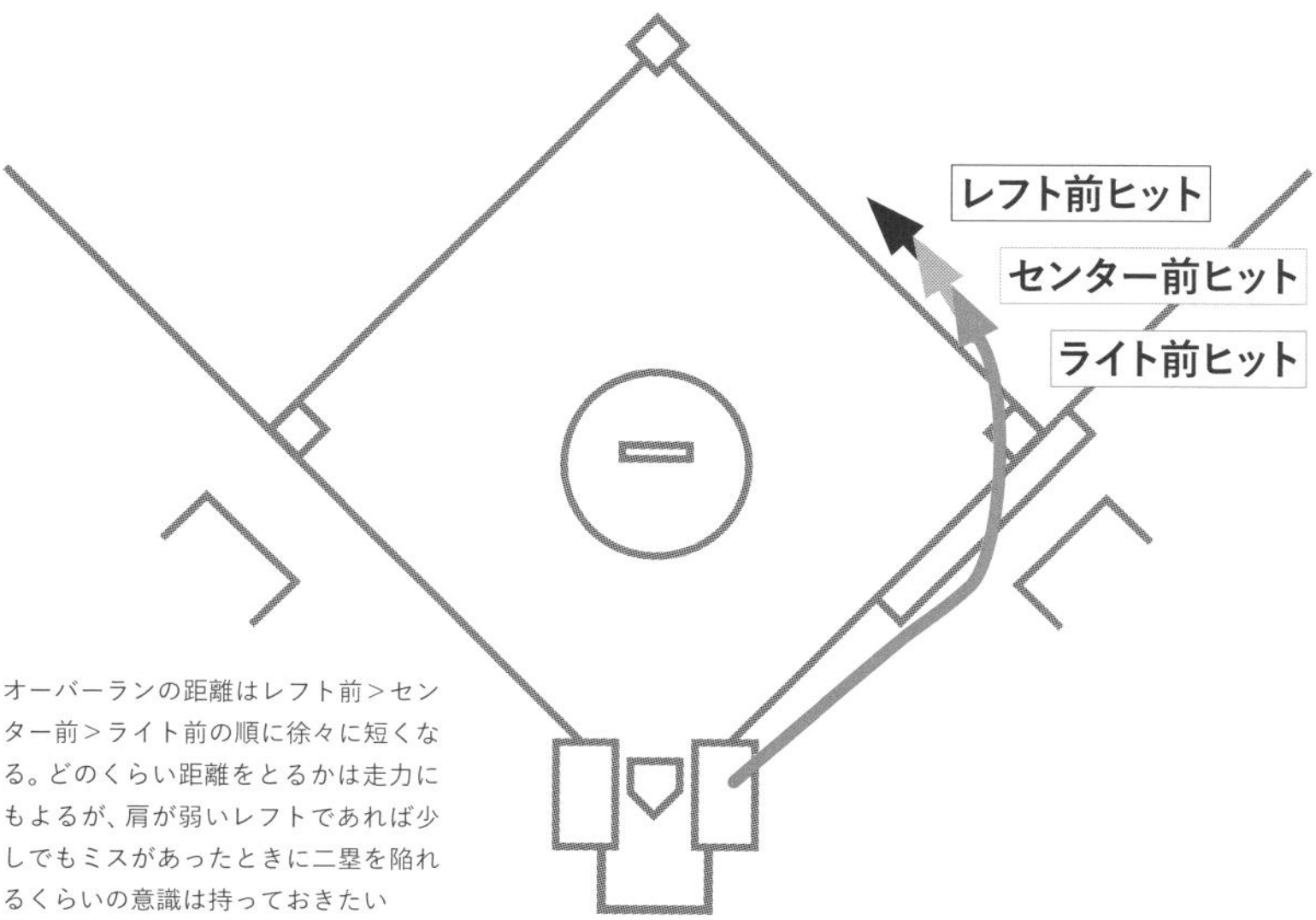

オーバーランの距離はレフト前＞センター前＞ライト前の順に徐々に短くなる。どのくらい距離をとるかは走力にもよるが、肩が弱いレフトであれば少しでもミスがあったときに二塁を陥れるくらいの意識は持っておきたい

PART 1 打者走者

[四死球] 打席の中で防具を外す

一塁上では戦闘態勢に入る

非常に細かい話であるが、一塁への出塁はヒットだけではない。四死球でも、出塁の権利が与えられる。

最近のプロ野球選手は、フットガード、エルボーガード、さらに手袋と、重装備で打席に入っている。高校生も同じように、フットガードやエルボーガードを着けている選手がいるはずだ。死球や自打球から体を守ることにつながるので、着けること自体はまったく否定しないが、すぐに外す練習をしたほうがいいだろう。四死球（特に四球）のときは、あらゆるものを打席の近くで外して、走塁用手袋を着けるのであれば、着けながら一塁に走ってきてほしい。これは、中日の選手にも言っていたことで、「全部外してから、一塁に来てくれよ」とお願いしていた。

なぜなら、一塁ベースに立ったときにはもう、次のプレーに集中できる体勢を取ってほしい

MEMO

・一塁ベースに立った時点で、次のプレーに集中できるようにしておこう

・準備に手間取ると投手に主導権を握られてしまう

からだ。ヒットで出塁したときには、塁上で取らなければいけないが、四死球であれば打席の近くで取ることができるだろう。

走者としての準備に手間取ると、投手に主導権を握られかねない。早く準備ができれば、次の状況を冷静に判断する時間が取れ、コーチャーのサインもすぐに見ることができる。三塁コーチャーボックスに立った経験がある私からすると、「お願いだから、早く準備を整えて、サインを見てくれ」と思っていた。

なお、私は落合さんが監督になってから、フットガードを着けるようになった。着けていないほうが走りやすいのはたしかだが、落合監督時代は「足当てを着けていないで、自打球でケガをしたら罰金」という制度が存在した。何も着けずに自打球がスネに当たったときは、悶絶するほど痛いものだ。落合さんの考えはよくわかる。それだけに、塁に出たときには素早く外すことを心掛けていた。

PART 1 打者走者

［長打のベースランニング］
最後の塁間を直線で走るイメージ

「計算式」を狂わせないための走路

外野の横を抜けたり、頭を超えたりするような長打コースの場合、「はじめに膨らみ、最後を真っすぐ」のイメージで走っていた。本塁から一塁までは膨らみを持たせて入り、一塁から二塁まではできるかぎり直線で走る、という意味である。

一塁から二塁を直線で走るにはどうしたらいいか……と考えると、必然的に本塁から一塁の膨らみの程度も決まってくるだろう。一律に、「この走路が正解!」と言うことはできず、足の速さによって個人差が出てくるものだ。私なりの走路のイメージを図6に示したので、参考にしてみてほしい。右打者であれば、円を描くように膨らみを作り、そこから一塁ファウルラインと並行に走っていくイメージだ。

MEMO
・最終到達点がどこかによって、走路も変わってくる
・最後の塁間をなるべく「直線」にするイメージを持つ

では、最後を直線にする意図は何か。言葉で表現するのなら、「塁間を直線で走ることは常にやっているので、どのぐらいの時間で到達するか、自分の中で計算式がある」と言えば伝わるだろうか。たとえば、一塁から二塁まで3・5秒で到達することがわかっていれば、外野手の肩の強さ、捕球した場所や体勢から、「これなら二塁までいけるだろう」ということが経験の中で見えてくる。

しかし、この3・5秒はあくまでも直線で走ったときの時間であり、一塁ベースを大きく膨らんでしまうと、二塁までの距離は当然遠くなり、到達までに時間がかかる。3・5秒か3・7秒か、その膨らみ方によって変わってしまうため、根拠を持って二塁を狙いにくくなるのだ。

三塁打のときも考え方は同じで、本塁から一塁、一塁から二塁は膨らみを入れて回り、二塁から三塁で直線に入る（図6）。ただ、三塁打の場合はあまり深く考えなくても、二塁を回るときに直線に入る選手が多い。なぜなら、体力的にへばることでスピードが落ち、遠心力が小さくなる分、外に体が振られなくなるからだ。

［図6］最後の塁間を直線で走るイメージ ～二塁打と三塁打の違い～

●二塁打の走路イメージ

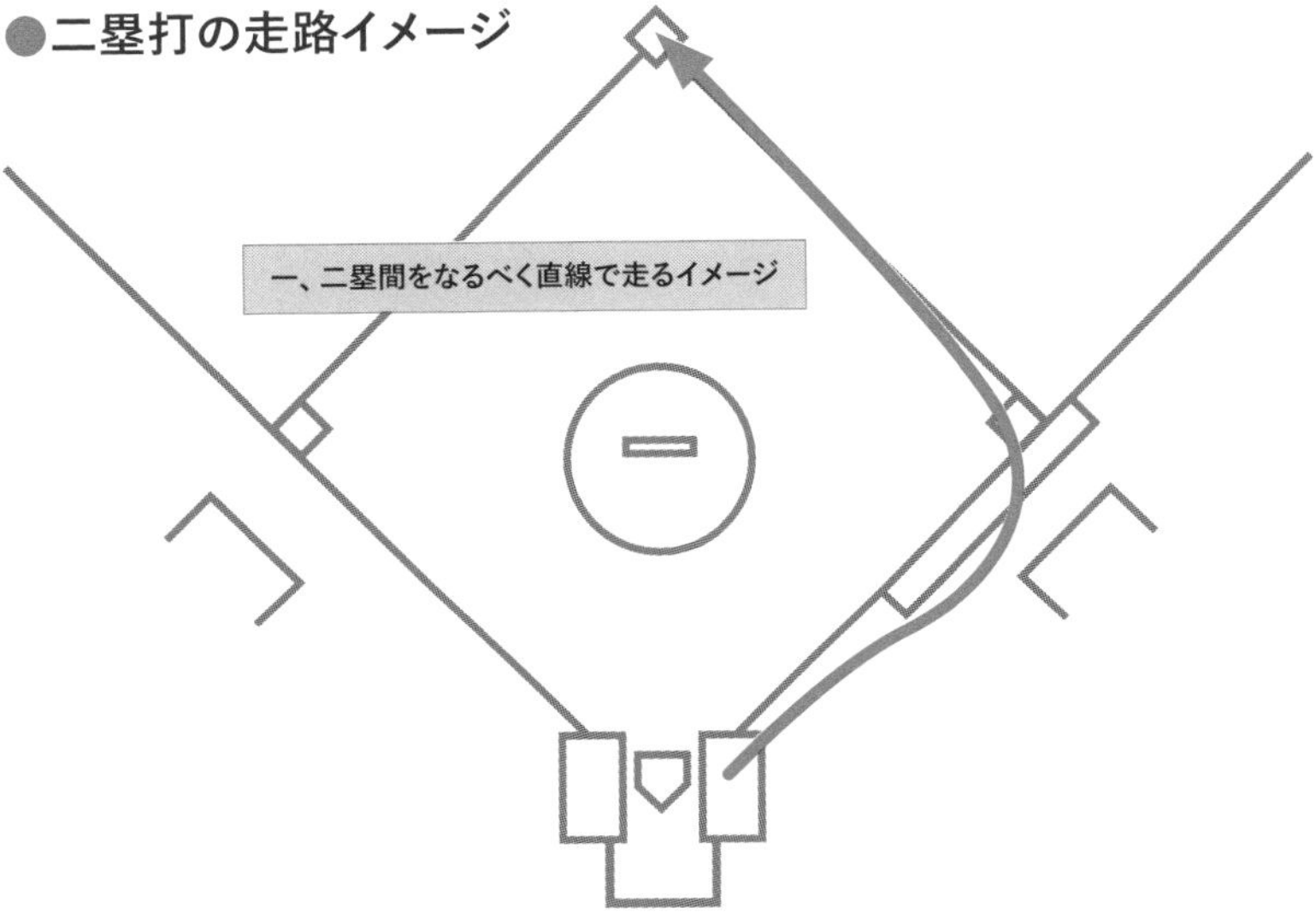
一、二塁間をなるべく直線で走るイメージ

●三塁打の走路イメージ

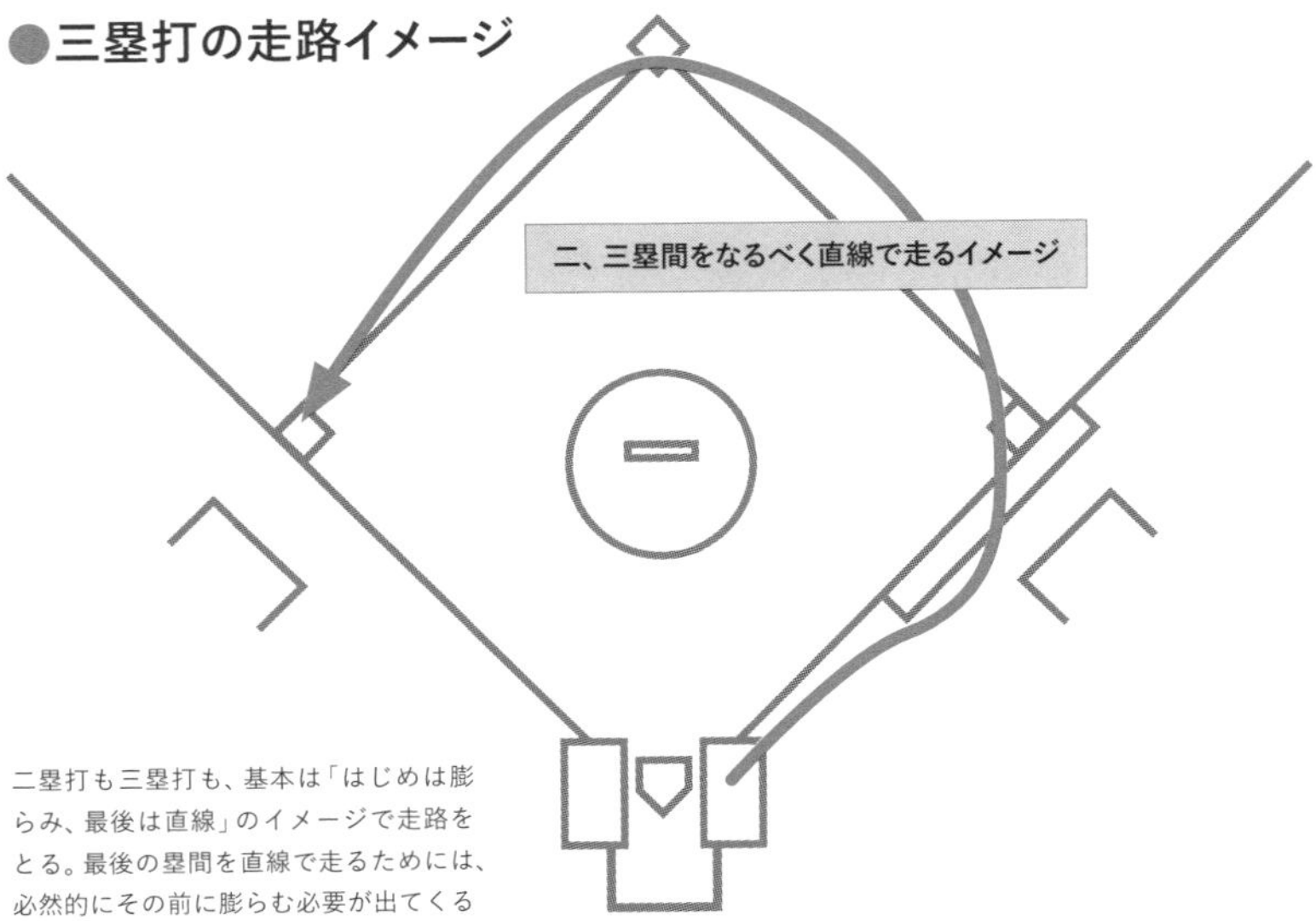
二、三塁間をなるべく直線で走るイメージ

二塁打も三塁打も、基本は「はじめは膨らみ、最後は直線」のイメージで走路をとる。最後の塁間を直線で走るためには、必然的にその前に膨らむ必要が出てくる

［長打のベースランニング］ベースを「道具」として考える

左足でベースの側面を踏む

ベースランニングで小さく鋭く回るためには、ベースの踏み方が重要になる。

そもそも、走者が考えるべきことは「ベースは何のためにあるのか」だ。

私自身は、スライディングであれば「勢いを止める道具」となり、ベースランニングであれば「方向転換のための道具」と考えている。ベースを壁のように考え、強く蹴って加速することによって、スピードを上げながら方向を変えていく。

現役時代は左足でベースの側面を踏み、体をできるかぎり倒し、加速することで、小さなコーナーリングを実現させていた（44ページ参照）。これができたのは、足首の関節が柔らかく、極限まで寝かせることができたからだ。だから、足首が硬い選手が側面を踏もうとすると、無

PART 1 打者走者
PART 2 一塁走者
PART 3 二塁走者
PART 4 三塁走者

理な動きになり、スピードが落ちてしまう恐れがある。コーチになってからは、「側面がベストだが、ベースのやや内側でも構わない」と表現を変えていた。ベースの真ん中だけはＮＧで、方向転換の道具として使いづらくなる。

側面を踏むことは、ベースの形状にも影響を受ける。私の記憶では、若い頃はもう少しベースに厚みがあり、側面を踏みやすい形をしていたように思う。しかし近年、ベースの厚みが低くなり、物理的に側面を踏むスペースが小さくなっているのだ。

私は左足でベースを踏んでいたが、

小さなコーナーリングを意識する

長打を打った際は左足でベースの側面を踏み、体をできるかぎり倒し、
加速することで、小さなコーナーリングを実現させる

「絶対に左足」とは思っていない。足が合わないときは、右足でもオッケーだ。一塁駆け抜けのときと同様に、左足で合わせようとするがゆえに、スピードが遅くなるのであれば本末転倒。左足で踏むことにこだわりすぎて、減速することだけは避けたい。

ただ、練習の段階では、左足で踏む習慣を付けることをおすすめしたい。「側面を踏み、体を倒し、加速する」を考えると、左足で踏んだほうが鋭角に倒すことができ、小さな半径で回ることができるからだ。

［長打のベースランニング］左肩を斜め前に下げて回る

自然に体が回る状況を作り出す

コーナーリングのポイントは、もうひとつある。

これは私が自然に覚えたテクニックだが、ベースを踏んで方向転換するときに、左肩を左斜め下方向にやや落とすようにすると、自然に体が回っていく。人間の体の構造を考えると、肩を前に出すと、それが「方向指示器」の役割を果たしてくれるのだ（48ページ参照）。

おそらく、らせん階段（左回り）を駆け降りようとすると、左肩が自然に前に出ているのではないだろうか。左肩の方向に引っ張られることによって、無理なく、コーナーを回ることができる。自分の力で回ろうとするのではなく、「回らざるをえない状況」を作り出したほうが、スピードを落とさずに走ることができるはずだ。

特に、トップスピードに乗ったときに重宝できるテクニックで、二塁から本塁を狙うときに大いに活用していた。「ベースをうまく回れない」という選手がいれば、ベースを踏むタイミングに合わせて、左肩を斜め下方向に落とすことを試してみてほしい。感覚が掴めてくると、ベースを踏んだあとに、マウンド方向に体が倒れるイメージを持てるのではないだろうか。中日でも、この感覚がわかってきた選手は、コーナーをうまく回れるようになっていた。

おすすめの練習としては、ベースの数メートル手前から軽く走り込み、ベースを踏むのに合わせて加速していく方法がある。塁間を目一杯走るとさすがに体力的にきついので、ベース回りの動きに特化した練習となる。左肩を落とすことで、方向転換のコツを得てほしい。

コーナーリング時の左肩の使い方

ベースを踏んで方向転換するとき、左肩を左斜め下方向にやや落とす。こうすることで体が自然と「回らざるを得ない状況」になり、スピードを緩めずにコーナーリングすることができる

MEMO

・コーナーリングのポイントは「左肩」の使い方

・自分の力で回るのではなく「回らざるをえない状況」を作り出す

PART 1 打者走者

［塁上に走者がいる状況］前の走者を必ず見るのが鉄則

打順を固定した方が走塁はやりやすい

ここからは、塁上に走者がいる状況に移りたい。一死一塁、二死二、三塁など、さまざまな場面が考えられる。

最大の鉄則は、「前の走者の動きを必ず見る」だ。言葉だけを見れば、何も難しいことではないのだが、グラウンドでプレーに集中すると、ついつい忘れてしまうことがある。

たとえば、無死一塁から右中間に長打コースのヒットを放ったとする。打者走者は当然、二塁を狙った走路を取るが、一塁走者が一、二塁間で転んだり、二塁ベースを踏み忘れたりして、二塁を回ったあたりで止まっている可能性もゼロではない。勝手に、「これは二塁打！」と決めつけるのではなく、前の走者を見る習慣を付けてほしい。

「はじめに」で紹介した森野の好走塁は、一塁走者の私の動きをよく見ているからこそできる

MEMO
・自分の前にいる走者がどんな動きをするか確認する「習慣」を付ける
・打順は固定されていたほうが走塁はやりやすくなる

プレーと言える。森野がレフト方向にヒットを放ったとき、私は二塁ベースの手前で意図的にスピードを緩めていた。「三塁には行きませんよ」という意図を相手に伝えるためと、ギアチェンジの準備をする狙いがある。レフトが私から目を切ったタイミングで、一気にギアチェンジをして、加速に入る。「緩めてからの加速」。森野は「緩める瞬間」を逃さずに、レフトからサードの送球間に、二塁を陥れていた。

いわば、私の走塁の〝クセ〟とも言える動きで、これは、一番・井端さん、二番・荒木（一番・荒木、二番・井端さんのときも）、三番・森野と、打順がある程度固定されていたからこそ、できることでもある。2023年に日本一を成し遂げた阪神にも通じるが、**固定打順のほうが走塁はやりやすい**。ランナー付きのバッティング練習では、試合の打順を意識して、選手を組み合わせたほうがいいだろう。打者と走者の組み合わせが変わってくると、走塁の感覚も微妙にずれていくものだ。

PART 1 打者走者

〔塁上に走者がいる状況〕

打席に入る前に守備位置を確認

外野手がどこに投げるかを想定しておく

1点ビハインドの9回裏。一死二塁からレフト前ヒットで、二塁走者が本塁に生還し、土壇場で同点に。「一塁上でガッツポーズ！」となる気持ちはわかるが、レフトから本塁への送球間に、二塁を陥れることはできなかっただろうか？

打者の仕事は、ヒットを打って終わりではない。さきほどの森野のプレーと同様に、前に走者がいる場合は、「送球間の進塁」を常に頭に入れておく必要がある。同点後、一死一塁から始まるか、一死二塁から始まるかでは、相手にかかるプレッシャーがまったく違う。

「送球間」をもっとも狙いやすいのが、外野手がカットマンを使わずにひとりで投げたときである。クロスプレーのタイミングで、よく起こりうるケースである。高い送球を投げたときは、キャッチャーが捕るまでボールが空中に浮いている状況になるため、二塁を陥れるチャンスが

MEMO
・走者だけでなく、打者も事前に相手の守備位置を確認する
・特にバックホームが考えられるシチュエーションはポジション確認を習慣にしたい
・狙い目は外野手の「送球間」

広がる。打者走者はあらかじめ、二塁打に近い走路を取っておきたい。

私が走者二塁の場面で打席に入ったときに、第一に意識していたのは**外野手の守備位置を必ず確認すること**である。塁上での守備位置の確認はよく教えられることだが、これは打席に入るときも同じ。特に、**走者二塁でバックホームが考えられるケースでは、ポジショニングをチェックする習慣を付けておきたい**。レギュラーを掴んだ頃は、状況の把握が甘く、ヒットを打ったあとに慌ててしまうことが何度もあった。経験を重ねていく中で、事前の準備をしておけば、走塁の判断を早く取れることがわかったのだ。

さらに、二塁走者の足の速さ、試合の状況を頭に入れておく。得点差が開いている状態では、リスクを背負って勝負に行くことは少ないので、走者を溜めることが優先される。一方で、1点勝負なら多少は無理をしてでも突っ込むかもしれない。打者走者は一塁に向かいながら、二塁走者の位置や、三塁コーチャーの動きをチェックする必要がある。

私の打順で考えると、二塁走者に投手がいるケースもあり、外野の浅いヒットでホームを狙う可能性はかなり低い。それでも、若い外野手の場合、焦ってひとりで投げることもありうるので、**常に「送球間」を狙う準備は怠らないようにしていた**。

PART 1 打者走者

［塁上に走者がいる状況］あえて「囮」になることも必要

打者走者はアウトになっていい場面がある

送球間の進塁についてもうひとつ。走者二塁からヒットを打ったあとの打者走者があえて囮（おとり）になり、アウトをひとつあげるべき状況も存在する。

本塁がクロスプレーで、かつアウトになりそうなタイミングのときには、一塁を大きく回って二塁を狙う。内野手がカットマンに入っていたとしても関係ない。カットマンが、打者走者の存在に気付いて、「こっちのほうがアウトを取りやすい」と思ってくれたら儲けものだ。打者走者をアウトにしにいく間に、二塁走者が本塁に生還し、1点をもぎ取ることができる（図7参照）。

スタンドで見ているファンからすると、「もったいない」と思うかもしれないが、どうしても1点が欲しい状況のときにはこうした走塁が求められる。特に二死二塁の場面では、二塁走

MEMO
・打者走者には自分がアウトになってでも走者の本塁生還をアシストすべき状況がある
・自分が走者のつもりでベンチで試合を観ることも重要

者は思い切って突っ込んでいくことが多いため、打者走者は囮の準備をしておかなければいけない。三塁コーチャーのジェスチャーを絶対に見逃さず、腕をぐるぐる回しているのが見えたら、迷うことなく二塁に向かう。

打者走者として勇気が必要なのが、走者二塁からのライト前ヒットで二塁を狙うときだ。自分の目の前を送球が通過していくこともあり、恐怖心がある。さらに、カットマンに入るセカンドやファーストが近くにいることもあり、ごちゃごちゃした状況になりやすい。このときにも打者走者が見ておくのは、三塁コーチャーの判断の一点のみ。ギリギリのタイミングで二塁ランナーを回したのであれば、無条件で二塁を狙う。

じつは、ベンチで座って見ていると、「今のは二塁に行けたでしょう。何で一塁に止まっているの？」と感じることが多々ある。客観的に、ボールと走者との位置関係を把握できるため、冷静な判断ができるのだ。この感覚はとても大事で、ベンチにいながらも走塁の判断力を養うことは十分にできる。自分が走者になったつもりでベンチから試合を見ておくと、新たな気付きがいくつも出てくるはずだ。

［図7］打者走者が囮になるケース

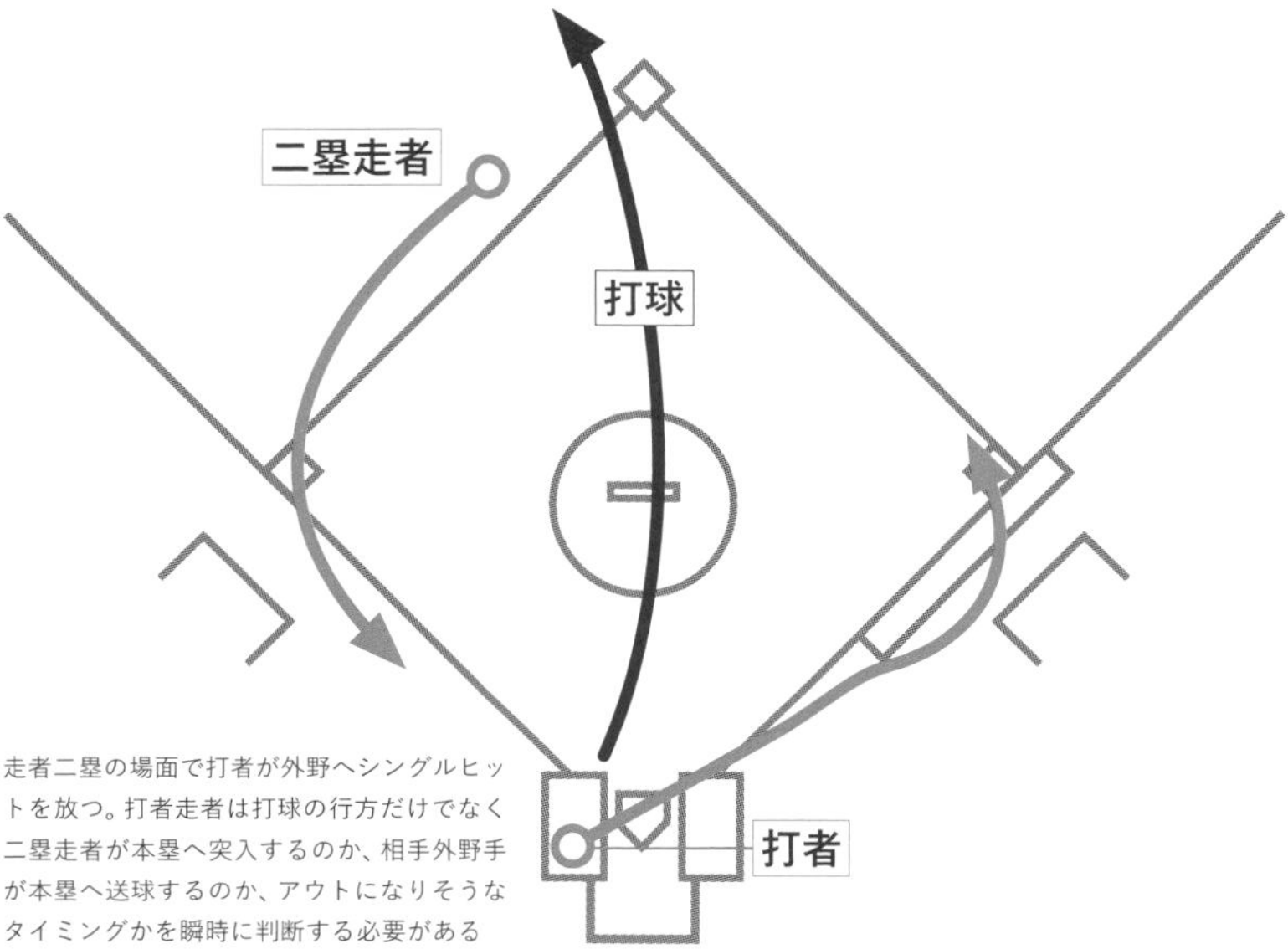

走者二塁の場面で打者が外野へシングルヒットを放つ。打者走者は打球の行方だけでなく二塁走者が本塁へ突入するのか、相手外野手が本塁へ送球するのか、アウトになりそうなタイミングかを瞬時に判断する必要がある

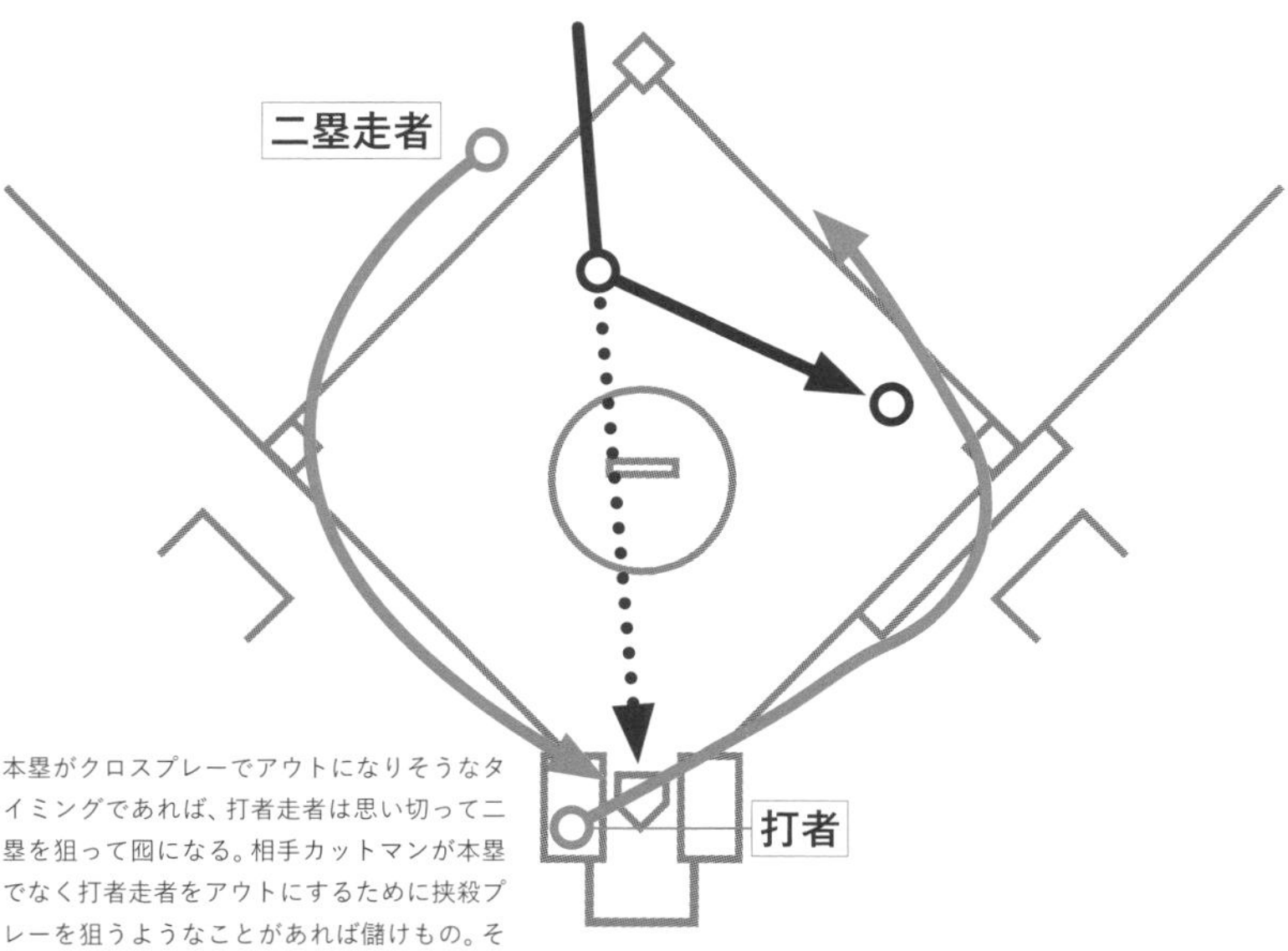

本塁がクロスプレーでアウトになりそうなタイミングであれば、打者走者は思い切って二塁を狙って囮になる。相手カットマンが本塁でなく打者走者をアウトにするために挟殺プレーを狙うようなことがあれば儲けもの。その間に二塁走者が本塁に生還できる

PART 2

一塁走者

PART 2 一塁走者

塁上でサインとポジショニングを確認

確認の積み重ねが好走塁につながる

第2章では、塁をひとつ進めて、一塁走者のポイントをお話していきたい。

一塁走者の大きな役割は、バッテリーを含めた守備陣にプレッシャーをかけることにある。足の速い走者が大きなリードを取っていると、けん制を複数回行ったり、クイックをいつも以上に速くしたり、いつもとは違うリズムで投げざるをえなくなる。これによってコントロールが乱れ、打者有利の状況が生まれやすい。走者が出塁することで、打者＋走者の2人で投手を攻めていく形を作れる。一方で、走る気配がまったくない走者が一塁にいれば、クイックにもさほど気を遣う必要がないため、投手は対打者に専念して勝負ができる。

技術的なポイントとして、リードから解説していきたいところだが、その前にやるべきこととしてサインの確認がある。プロ野球であれば三塁コーチャーから、学生野球であればベンチ

MEMO

・一塁走者は相手守備陣にプレッシャーをかけるのが大きな役割
・塁に出たらまずやるべきはサインの確認!
・確認の積み重ねが好走塁につながる

にいる監督からサインが送られる。必ずベース上で確認したあと、次に外野に目を向けて、ポジショニングを確認する。カウントによっても変わることがあるため、1球1球、自分の目でしっかりとチェックしておきたい。

特に、ライトのポジションは要注意で、深めに守っていればライト前ヒットで三塁を狙えるチャンスが広がる。一塁走者にとって、ライトへの打球は背中側に入るため、首を振らなければ確認できない。その見づらさも考慮して、前後の位置取りを事前に頭に入れておく。

一塁コーチャーとしても、「外野の位置を確認したか? ライトが前にいるから、三塁を狙うのは厳しい。でも頭を越えたら、ホームまで行けるぞ」と言ったように具体的な指示を出しておく。テレビ中継を見ていると、一塁コーチャーが走者に近付いて、耳打ちをしているシーンが映し出されるが、念には念を押す形で確認事項を伝えている。

アウトカウントも同様で、プロ野球の世界でも1年間に何回かは勘違いが起きる。いわゆる、「ボーンヘッド」と呼ばれるもの。一番の責任は走者にあるが、「アウトカウントぐらいはわかっているだろう」で済ませてしまう一塁コーチャーにも責任がある。さまざまな確認の積み重ねが、好走塁につながることを覚えておいてほしい。

PART 2 一塁走者

【リード】目をつむってでも同じリード幅を取る

投手から絶対に目を切らない

読者の多くが興味を持っているのが盗塁に関わる技術であろう。ここから、盗塁につながるリード、帰塁、スタート、中間走、スライディングについて深く掘り下げていきたい。

まずは、セーフティリードの取り方。「セーフティ=安全な」という意味があるように、けん制が速い投手に対しても、ヘッドスライディングで帰塁できるリード幅を取る。

私の場合は、ベース上から左足、右足、左足（バッククロス）、右足、左足、右足の順で足を運ぶ（62ページ参照）。この動きを、投手から目を離さずに行うのが重要になる。リード幅を確認するために一塁ベースを見るクセがある走者は、その瞬間にけん制を投げられたら戻ることができないので要注意だ。

MEMO

・セーフティリード＝確実に帰塁できるリード幅
・目をつむっても同じリード幅が取れるようになる
・リードは早めに完了させて投手に主導権を渡さない

最終的に目指してほしいのは、「目をつむってでも、同じ動作ができ、同じリード幅を取れる」という境地だ。私は現役を引退した今でも、リードの動きが体に染み込んでいる。

ナゴヤドームであれば、右足がアンツーカーから一歩はみ出している距離感になる。「何メートルですか？」と聞かれると困ってしまうのだが……。ただしアンツーカーは、球場によって広さが違うので、それを目安に取るとリード幅がぶれる。そもそもアンツーカーがない土の球場もあるため、何かを目安にリード幅を決めることはやめたほうがいいだろう。

私のリードの特徴は、最初に左足を一歩、歩くように踏み出すところにある。けん制を警戒して、一歩目から左足を後ろに入れる選手もいるが、これでは素早くリードを取ることができない。抽象的な表現になるが、「サササッ」とセーフティリードを完了させることが重要で、投手よりも先に主導権を握っておきたい。ベースから左足を一歩踏み出すだけであれば、けん制をもらったとしても、投手さえ見ておけば帰塁ができる。

選手によっては、右投手と左投手でリード幅を変えることもあるが、私は基本的には同じにしていた。一般的には、「左投手のほうがけん制が遅いため、リードを大きく取れる」と考えられている。が、リードを広げると、逆を突かれたときに戻り切れなくなるため、自分自身のセーフティリードは変えないように心がけていた。

リードの取り方

ベース上から左足、右足、左足（バッククロス）、右足、左足、右足の順で足を運ぶのが私のやり方。この動きを、投手から目を離さずに行うのが重要。足の運びは人ぞれぞれで構わないが「素早くリードをとる」ことは意識してほしい

リードの際の足運び

PART 2
一塁走者

［リード］塁間を真っすぐ走りやすいスタンスを取る

右足を「半足分後ろ」に引いて構える

リード時のスタンスは、左足に対して右足を半足分だけ下げる。左足と右足を塁間に対して平行に置くと、二塁にスタートを切るときにどうしても左足の一歩目が遠くなり、その分だけ二塁への到達が遅くなる感じがあった。右足を半足分下げることで、左足を二塁方向に真っすぐ踏み出しやすい。コンマ数秒の差だが、盗塁の成否を分けることになる。

盗塁のことだけを考えれば、右足を一足分下げて、二塁方向に向きやすい形を作りたいのだが、そうなると帰塁への反応が遅れてしまう。「けん制アウトだけは絶対にあってはいけない」と強く思っていたため、試行錯誤した結果、「半足下げる」に落ち着いた。

イメージとしては、一塁・二塁の塁間を結んだライン上に、左足のかかとと右足の土踏まず

MEMO
・スタートの切りやすさを考えて右足は左足より半足下げる
・右足を下げ過ぎるとスタートは切りやすいが帰塁の反応が遅れる
・リードの位置は基本、オンラインがおすすめ

を置く形になる。ライン上であることがポイントで、後ろに下がりすぎると、二塁までの距離が長くなってしまう。

これは裏技であるが、甲子園球場のような土のグラウンドの場合、多くの選手が同じような場所でリードを取るため、土が掘れて柔らかくなっている。そこからスタートを切ろうとしても、足が埋もれてしまう感覚があるのだ。そこで、甲子園の場合は通常よりもやや前にリードすることもあった。少し前に出るだけでも、土の硬さが変わる。私がもし、甲子園に出るような高校野球部のコーチを務めることがあれば、「少し前にリードしたほうが走りやすい」とアドバイスを送る。

「アウトカウントによって、リードの位置を変える」という考えもあるが、基本的にはオンラインをおすすめしたい。内野ゴロで二塁フォースアウトになるタイミングは、かなり際どいことも多く、「あと数センチだったのに……」ということが有りうる。リードを後ろに取ると、この数センチが届かないことがあるのだ。私は、いかにセーフになるかをよく考えていた。

イチローさんも提案していたが、二死一、三塁で内野ゴロが飛んだ場合、一塁走者はスライディングではなく、二塁を駆け抜けたほうがおそらく速い。その後、オーバーランでアウトになっても、得点は認められる。一度、公式戦で決めてみたい技だった。

PART 1 打者走者
PART 2 一塁走者
PART 3 二塁走者
PART 4 三塁走者

○ 右足は左足より半足分だけ下げる

右足を半足分だけ下げることでスタート時に左足を二塁に向けて限りなく真っ直ぐ踏み出しやすくなる。１足下げたほうがより踏み出しやすいが、それだと帰塁の際にロスが生まれやすい

✕ 右足と左足を平行に構えると……

右足と左足を塁間と並行にすると、スタート時に左足が遠回りして二塁方向に真っ直ぐ踏み出せない

PART
①
打者走者

PART
②
一塁走者

PART
③
二塁走者

PART
④
三塁走者

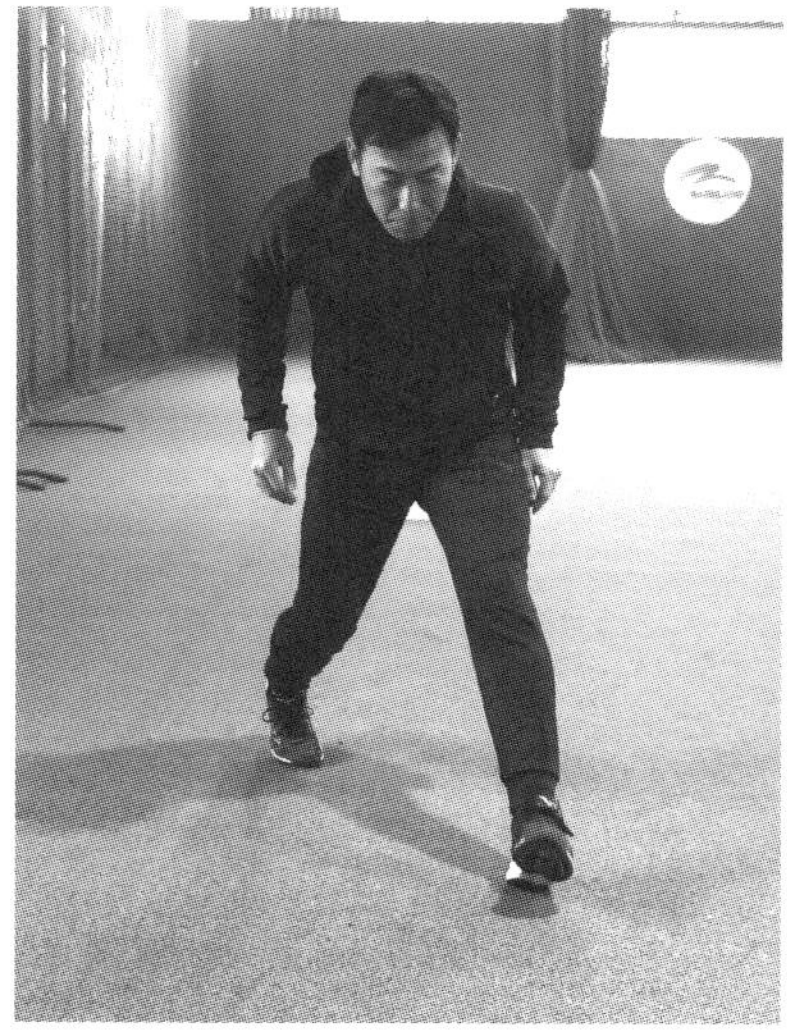

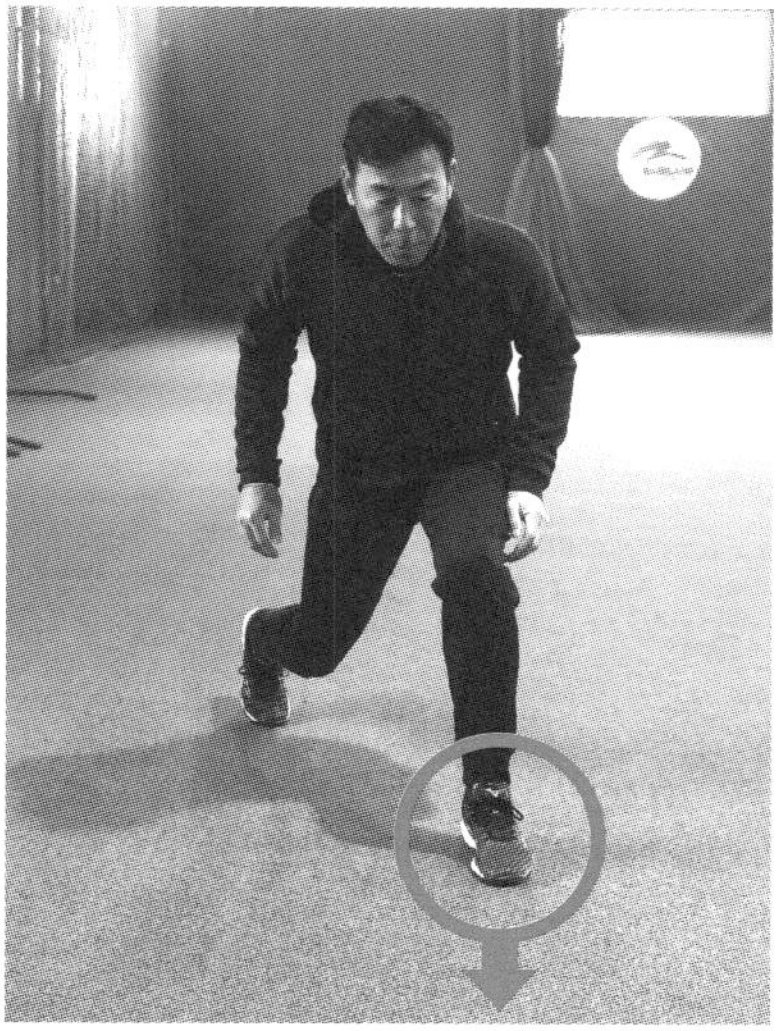

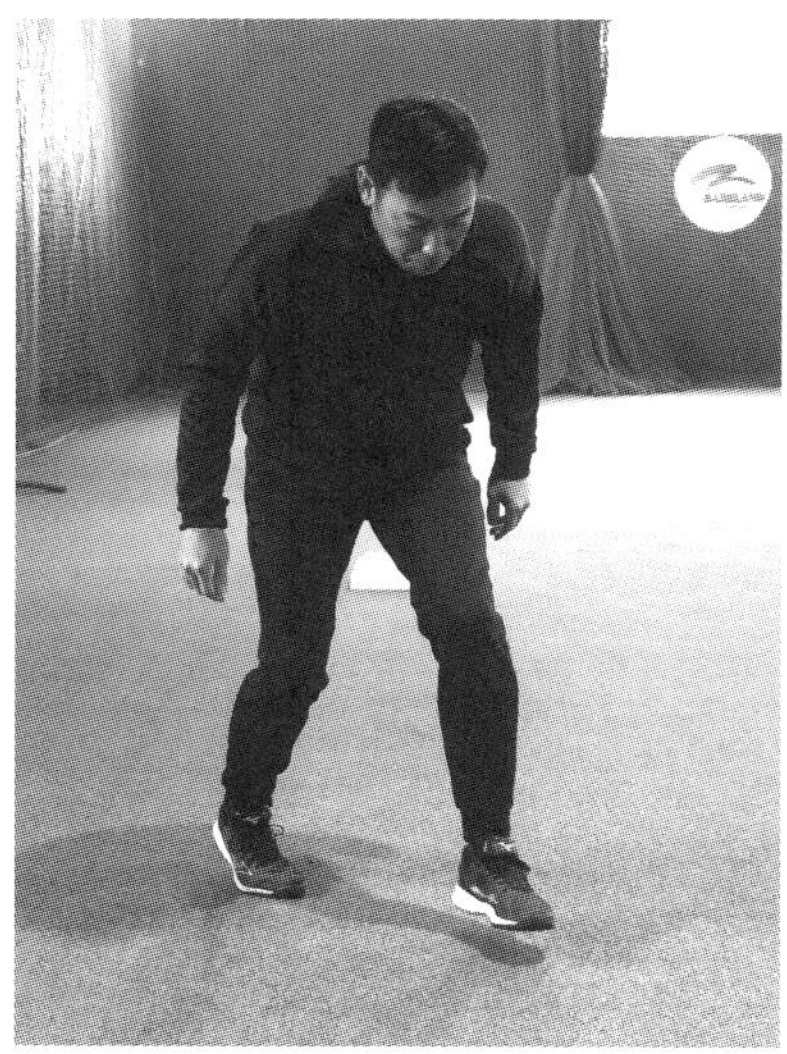

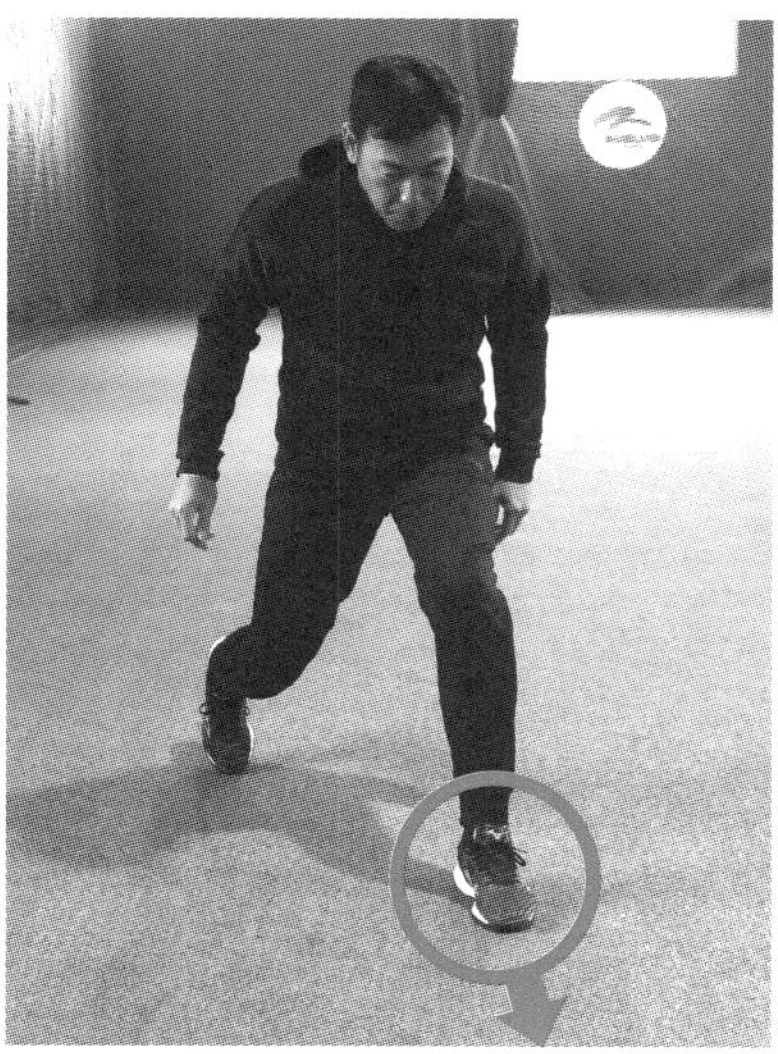

PART 2 一塁走者

［リード］自分に適した「重心位置」を探す

「動から動」を実現させるための手の動き

リードで、もっとも個性が出るのが構えたときの重心の位置だ。立ち気味で高い選手もいれば、沈むように構える選手もいる。骨格や筋肉の付き方は人によって違うため、**「これが正解」と言い切ることはできない**。荒木雅博のやり方が合う選手もいれば、合わない選手もいるので、それを前提としたうえで解説していきたい。

お尻を高めに上げて、上体と地面が平行に近くなるまで股関節を曲げて、ヒザはつまさきよりも出ない程度に軽く曲げる。たとえるのなら、**ゴロ捕球の姿勢に近い**。大殿筋やハムストリングスが張っている感じで、お尻を下げてしまうと裏側の筋肉が使えずに、力を発揮しづらい感覚があった。

MEMO
- 荒木雅博流リードの姿勢は「ゴロ捕球」に近い形が合う選手、合わない選手もいる
- 左右どちらにも動ける姿勢であることが重要
- 「静から動」ではなく「動から動」

ちなみに、私とまったくタイプが違う英智さんは、ヒザがつまさきよりも出るぐらい深く曲げている。西武の監督をされている松井稼頭央さんは、さらにもっと低い姿勢で構えていた記憶がある。バッティングの構えがさまざまあるように、リード姿勢も十人十色である。

左右の足幅は肩幅よりも広げ、体重の大部分を右足にかける。右足の親指や人差し指でしっかりと地面を噛み、左足の母指球で地面を押す。体の内側に力を集めるイメージだ。右足に体重を乗せながらも、両足で地面に力を加えていることがポイントで、「右方向にも左方向にも動ける体勢でなければいけない」ということになる。

さらに、重要なポイントとして、手の使い方がある。右手で右ヒザを内に締めるように軽く乗せ、左手は脱力して下げるのが私のスタイルであったが、いつしか左手でリズムを取るのがクセになっていた。指先を小刻みに揺らし、地面を叩いているときまであった。

この狙いは、「動から動」のスタートを実現するためだ。リードを取っているときは、投手をジッと見ておかなければならず、どうしても「静」になりやすい。そこで、指先だけでも動かすことで、「動」の状態を作れることに気付いたのだ。周りから、「盗塁のときに、手が動いている」と指摘されることもあって、走らないときにも意識的に入れるようになった。目立たないところだが、リード時に固まってしまう選手にはぜひ試してほしい技である。

リード時の姿勢

動

正面

サイド

リード姿勢のポイント❶お尻を高めに上げる❷上体と地面が平行に近くなるまで股関節を曲げる❸ヒザはつまさきよりも出ない程度に軽く曲げる❹左手を下げてリズムをとる

［帰塁］「帰塁」あってこその「スタート」

ヒジ、手首、指の関節を曲げてベースタッチ

リード姿勢のあとは帰塁。一塁に戻れる安心感がなければ、いいスタートを切ることは絶対にできない。「帰塁あってのスタート」であることを頭に入れておいてほしい。

足から帰塁できるに越したことはないが、リード幅が大きくなると、ヘッドスライディングで戻らざるを得なくなる。一塁ベースに指を突いたり、ファーストに体の上に乗られたりして、骨折や脱臼のリスクが伴うが……、できるかぎりリスクを回避する技術をお伝えしたい。

第一に考えることは、リード姿勢から頭の高さを上げずに、低い体勢のまま滑ることである。イメージは、低いところから低いところへ。上から落ちるように滑ると、着地の衝撃で右肩を脱臼する恐れがある。

MEMO
・いつでも一塁に戻れるという安心感がいいスタートを生む
・ベースタッチの位置は、ファーストからもっとも遠い外野寄り
・帰塁時は故障を防ぐためにも右肩を地面にしっかりと着けてる

時々、勘違いしている選手がいるが、リードしたところからそのまま跳んでいるわけではない。必ず、右足を左足の横にまで持ってきてから跳んでいる。そうでなければ一塁に強く速く戻ることはできない。ベースタッチの位置は、ファーストからもっとも遠い外野寄りが基本。とはいえ、私はあまり意識しておらず、「タッチを逃げたい」と思いから、本能的に遠いところに手を着くようにしていた。

ヒジを曲げて、手首を曲げて（背屈）、もっとも強い手のひらの土手を使って、ベースに着く。指先を曲げたままでは危険なために、指の関節もしっかりと曲げておく。手を伸ばすのではなく、頭をベースに近付ける意識で滑ると、この感覚を掴みやすいはずだ。ベースに着いたところで力を抜くと、衝撃が分散されていきやすい。

さらに、重要なのは右肩を地面にしっかりと着けておくこと。仮に、ファーストに肩の上に乗られたとしても、大きなケガにはつながりにくい。低い体勢から滑ることで、この形を作ることができる。

余裕でセーフになるタイミングのときには、ついつい気を抜いて、

帰塁時は頭の位置を上げない

帰塁のときは、リードの姿勢から頭を上げることなく「低い位置から低い位置」をイメージして戻る

指を伸ばしたり、右肩を地面から浮かせたりした体勢で滑ってしまうことがあるが、極力避けたい。どれだけ余裕でも、強くタッチをするファーストもいれば、逸れた送球を捕るために体を預けてくるファーストもいる。リスクマネジメントは絶対に忘れないように。

私自身、指先を伸ばしてスライディングをしたがために、強いタッチに耐えられず、小指を骨折した経験がある。

近年の流行りとも言えるが、一塁ベースから離れた位置でけん制を受けるファーストが出てきている。ヤクルトのホセ・オスナがその代表例であるが、一塁走者としては少し怖さがある。離れたところから、バックステップするようにしてタッチに来るため、「手を踏まれるのではないか」という恐怖心が芽生えるためだ。ただ、気にした時点で走者の負けであり、「いつもどおり」にプレーすることが大事になる。

また、一塁ベースにファーストいないため、気持ち的には半歩ほどリード幅を広げたくなるが、これも相手の思うツボ。セーフティリードの距離は変えないほうが、「いつもどおり」にできるものだ。

ベースタッチ

帰塁時のベースタッチはファーストからもっとも遠い外野寄りが基本。ヒジを曲げて、
手首を曲げて（背屈）、もっとも強い手のひらの土手を使って、ベースに着く

［スタート］右足を「つっかえ棒」として考える

重たい頭を外せば体は勝手に進む

盗塁を決めるための肝となるのが、一歩目のスタートである。どれだけ足が速い選手であっても、一歩目が遅いと加速するまでに時間がかかり、アウトになる確率が上がる。陸上の100メートル走であれば、多少スタートが遅れても挽回できるかもしれないが、野球の塁間は27・431メートルの短い勝負。リード幅を除けば、23メートルほど。スタートが命であることを、強調しておきたい。

私のスタート方法はとてもシンプルなものである。リードを取ったときに右足に体重をかけて、「これ以上、右足に乗せると二塁側に倒れてしまう」という体勢を作り上げる。スタートを切るときは、この右足を外すことで重たい頭が二塁方向に転がり、「転びたくないから足が着いていく」という考えを大事にしていた。わかりやすく言えば、「右足＝つっかえ棒」だ（78ページ参照）。

このスタート方法のメリットは、「自分の力で走り出そうとしていない」ところにある。足の力でスタートを切ろうとすると、どうしても余計な力が必要になり、初動が遅くなる。それを体が自然に倒れそうになる力を利用すると、足がスムーズに動いてくれるのだ。

「右足を外す」をより具体的に解説すると、右足を頭の下のほうにずらす動きになる。つまりは、一塁方向に少しずらす。進行方向に対してマイナスの動作だが、右足を引くことで、頭が体の軸から外れる。

ただ、右足の動きはほとんど意識していない。スロー映像で見ると、たしかに右足が一塁側にずれているのだが、「つっかえ棒を外す意識」によって自然に引き出されている。意識的な動きと、無意識に引き起こされる動きは、プレーヤーであれば誰もがあることで、おそらくは無意識で行われる動きのほうが速いのではないか。

リード時、頭の中では「スタート20パーセント、帰塁80パーセント」と、帰塁をメインに考えていた。私が出塁したということは、中軸につながる打順であり、得点のチャンスである。だからこそ、けん制アウトは絶対に避ける。

帰塁80パーセントの中でも、二塁にスタートを切れたのは、「つっかえ棒を外せばいい」というシンプルな考えがあったからに他ならない。右足を外せば、あとは自動的に足が進んでくれる。この感覚がわかってからは、盗塁に対する自信がより深まるようになった。細かいチェックポイントがいくつもあると、こうはならなかっただろう。

リード時の重心の置き方や、スタートの一歩目は、毎日のウォーミングアップで何度も何度も試行錯誤した思い出がある。ときには思い切りヒザを深く曲げることもあれば、完全に立った体勢からスタートを切ることもあった。コーチから、「荒木、何をやってんだ？」と言われたこともあったが、「今、いろんなスタート方法を試しているので、自由にさせてください」とお願いしていた。

このように自分の意識ひとつで、試す時間はいくらでも作ることができる。日頃のダッシュ1本を、本気で走塁につなげる気持ちで取り組めるようになれば、おのずと技術も上がっていくはずだ。

スタートはつっかえ棒＝右足を外す感覚

右足に体重をかけ、「つっかえ棒」のように
頭を支える感覚。それを「外す」ことで自然
と頭が二塁方向に倒れ、スタートを切れる

MEMO
・どれだけ足が速くても、一歩目が遅いとアウトになる確率が上がる
・スタートの感覚は「右足=つっかえ棒を外す」
・リード時の頭の中は「スタート20パーセント、帰塁80パーセント」

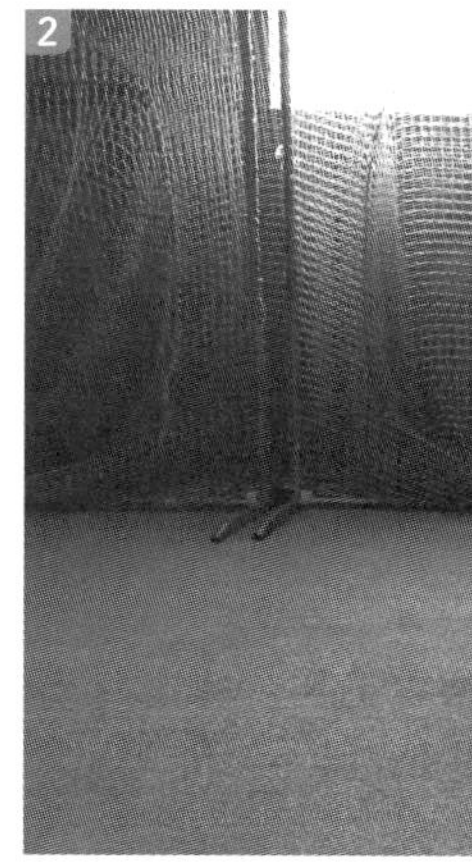

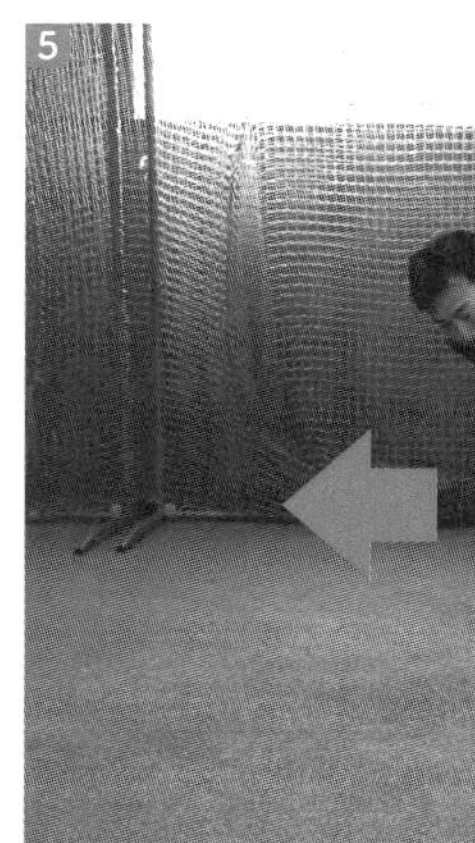

PART 2
一塁走者

【スタート】方向転換は2コマ分の動きを1コマで

左足は宙に上げすぎずに低空飛行

右足をずらすことをきっかけにスタートを切り、二塁方向に走り出していく。形としては、胸の向きを90度変えることになるが、私自身は「方向転換」の意識は一切持っていなかった。右に向こうとすることで、スピードが鈍ると思っていたからだ。もう少し細かく言えば、「右を向いてから走る」ではなく、「右を向く」と「走り出す」を同時に行う。写真でたとえるのなら、2コマ分の動きを1コマに合わせたい。

そもそも、二塁に走ろうと思えば、本能的に走りたい方向に上体は向いていくものだろう。スロー映像をたしかめると、右足のつまさきが二塁方向に向いているのがわかるが、人間としてごくごく自然で、ある意味では無意識の動作。これが、「つまさきを二塁方向に向けよう」

と思いすぎると、動きが硬くなりかねない。無意識で動くところは、自分自身の感覚に任せたほうがいいだろう。

唯一気を付けていたのは、右足をずらしてからの左足の動きだ。64〜67ページで解説したように、左足が遠ざからないように、二塁ベースに向かう走路上に置く。感覚的には、右足を飛び越すぐらいで踏み込んでいく。

また、左足を地面から高く浮かせてしまうと、着地するまでに時間的なロスが生まれる。意識の中では、地面を擦るぐらいの低空飛行で左足を持っていきたい。できるかぎり、早く着地させることによって、次の右足が出やすい体勢を取っていた。

ただ、今でこそ偉そうに語っているが、若い頃はスピードに任せて、勢いで走っていたところがある。30歳が過ぎた頃から、自分がやっている動きを言葉で説明することの重要性に気付き、理論理屈を考えるようになった。それが、コーチになってからも生きたように思う。

逆に考えれば、高校生のうちは、そこまで頭でっかちになる必要がないとも言える。自分が思うままに走り、そのやり方が通用しなくなったときに立ち止まって考えればいい。ただ、考えるための材料を今のうちに学んでおくのは将来に必ず生きること。私の話が、ひとつでもヒントになれば嬉しいことである。

左足はなるべく浮かさず、最短距離で右足を飛び越す

右足をずらしてスタートを切ったら、左足はなるべく地面から高く浮かさず、地面を擦るくらいのイメージで踏み込んでいく。できる限り早く着地させ、時間のロスを生まない意識が大切

MEMO

・「右を向く」と「走り出す」を同時に行う
・左足が遠ざからないように、二塁ベースに向かう走路上に置く
・左足は地面を擦るぐらいの低空飛行

2

3

5

6

PART 2 一塁走者

［スタート］投手のクセを見抜く

セットの歩幅、前足のつまさき、前肩の閉じ方をチェック

「投手のどこを見ていますか？」

野球教室はもちろんのこと、プロ野球選手からもよく聞かれた質問である。答えとしては、「けん制のクセが出る場所がわかっていたら、そこだけを見ている。わからないときは、下半身を中心に全体をぼやっと見る」。

カメラの技術が発達した今、あらゆる角度から投手のフォーム分析が行われている。それは相手チームだけでなく、自チームの投手も同様のため、私が若い頃に比べれば明らかなクセが出る投手は減った。それでも、投球とけん制で何らかの違いが見える投手はいる。学生のレベルであれば、クセに対する警戒度は低いと考えていいだろう。

いくつかの例を紹介したい。

MEMO
・投手のクセを見抜いたらそこを注視する
・クセが出やすいのは歩幅、肩と前足の開き
・左投手の場合は目線やグラブの開きもチェックする

右投手の場合、セットポジション時の歩幅、前足（左足）のつまさき、前肩、この3カ所にクセが出ることが多い。歩幅が広いときにけん制、狭いときにホームに投げる投手もいれば、この逆のパターンもある。つまさきや肩に関しても同じで、閉じたときにけん制する投手がいれば、投球の場合もある（86ページ参照）。ビデオで分析するときは、この3点を重点的にチェックするといいだろう。また、投球時に「最初に始動する場所」を探し出すことも重要で、右ヒザから動き出す投手が多い。

一塁走者と正対する左投手も、まずは歩幅をチェック。加えて、意外に出やすいのがグラブの開きと目線である。チェンジアップやフォークを投げるときに、グラブに入れた手が膨らむ投手がいるのだ。つまり、「膨らんだ時点でけん制はない」とわかるのでスタートに集中することができる。

目線は、「捕手を見ながらセットポジションに入ったときはけん制」「一塁走者を見ながら入ったときは投球」というパターンが多い。人間の本能として、「けん制がばれたくない」と思うことで、目線を意図的に逸らすのだろう。今、一軍で活躍している中継ぎに、このクセが見事に出ている左腕がいる。こうした視点で、プロ野球を見てみるのも面白いだろう。

クセが出やすいポイント

つまさき、肩の開き具合

写真上はつまさきと肩が閉じているのに対し、写真下は開いている。傾向としては「開いているときに牽制」のパターンが多いが、これも投手によって違うのでチェックが必要

セットポジション時の歩幅

セットポジションに入ったとき、歩幅が違うケースがある。比較的わかりやすいクセなのでしっかりとチェックしよう

［スタート］

投手のクセでスタートを切る体験を重ねる

セットの秒数は信頼しづらい

私は左投手を苦手にしていて、「クセがわからなければ、絶対に走らない」と決めていた。一度、世界の盗塁王・福本豊さんに相談したところ、「左投手はセットポジションでお前と目が合ったら、スタートを切っていい。目が合うということは、投手はそれだけでけん制している気になる。一塁に投げてはこないから」と教えていただいた。

その日に早速試してみたところ、けん制でアウトになった。翌日、福本さんに、「刺されましたよ……」と嘆いたら、「まぁ例外もあるわ」と笑われた。当たり前の話で、**物事には必ず例外がある。**ただ、「目が合ったら投球」という考えはたしかにそのとおりで、経験上、ホームに投げる投手のほうが圧倒的に多い。これ以降、福本さんの考えを参考にさせていただいた。

中日のコーチ時代には、私が投手役になって、「歩幅が広いときはけん制、狭いときは投球」という約束事の中でスタート練習を行った。あえて、クセを出すことで、「クセによって走る」という成功体験を重ねてほしかったのだ。前足のつまさきの開き方、肩幅の開き方と、クセを追加していき、最終的にはすべてをミックスしたうえで、スタートを切れるように練習を重ねる。

気を付けたいのが、セットポジションの秒数に関するクセだ。「セットに入って2秒後に投球する」という投手がいた場合、1・9秒あたりでスタートを切れば、盗塁が決まりやすくなる。理屈ではそのとおりなのだが、足が速い走者が出塁すると、「走られたくない」という気持ちから、いつも以上にボールを長く持つ。秒数は走者によって変わることを頭に入れておきたい。

むしろ、秒数スタートを使えるのは、盗塁が警戒されていない走者のときだ。「この走者は走らないだろう」と思っているときほど、クセが出やすく、一定のリズムで投球をする。無警戒の走者に盗塁を決められることほど、バッテリーにとってショックなことはないだろう。

セットでボールを長く持たれると、スタートが切りづらくなるのはたしかである。右足のほうにジワジワと重心が移ってしまう走者もいる。私の場合は、はじめから右足に乗せているので、セットが長い投手に対しては下に少し沈むようにしていた。沈むことで、間合いを計る。

MEMO
・クセを見つけても「絶対」ではない
・セットポジションの秒数は走者によって変わる
・あえてクセを出してスタートを切る練習をする

時間の話をもうひとつ加えると、クイックのタイムがある。1・2秒台の前半であれば、なかなか走るのは難しい。が、それはあくまでもタイムであって、走者の感覚はまた別のところにある。何かしらのクセがあれば、「おれの感覚では1・3秒に近い。これなら走れる」と思えることがあるのだ。**タイムだけで決めつけるのではなく、自分の感覚も大事にしてほしい。**

ここまで、捕手の話をしていないが、盗塁のときに勝負するのはあくまでも投手である。私の感覚では「**投手9割、捕手1割**」。投手のクセが明らかに出ていたり、クイックが遅かったりする場合は、捕手の肩がどれだけ強くても、走者が有利になる。

今でこそ明かせるが、現役時代のエピソードとしてひとつ面白い話がある。中日対ソフトバンクの交流戦で、私が四球を選んだあと、打席の近くで城島健司さんに、「ガチで1回勝負しよう」と挑戦を申し込まれた。私が、「じゃあ、けん制もなしにしてくださいよ」とお願いすると、「いいよ」と。記憶では、まだ得点差が開いていない序盤だったはずだ。

リード幅はこれまでと同じであるが、意識は完全に二塁にある。投手はクイックで投球し、城島さんもストライク送球を放ってきたが、間一髪で私の足のほうが速かった。ヒリヒリする勝負だった。ここからわかるのは、どれだけ優れた捕手であっても、走者のスタートがよければ、アウトにするのは難しいということ。それだけ、投手対走者の駆け引きが重要になる。

［スタート］さまざまな場所から情報を入手する

変化球のタイミングでスタートを切る

どれだけ経験を重ねても、私の中には盗塁失敗に対する怖さがあった。だからこそ、投手のクセを含めたさまざまな情報を事前に取り入れ、成功率を高めることを心がけた。「グリーンライト」（いつでも走っていい）が許されていた分、それだけの責任があった。

失敗が大きくのしかかるのは7回以降の終盤だ。特に接戦で負けている場面では、よほどの根拠がなければ走れない。それがわかっていたため、7回以降に盗塁企図をすることはほとんどない。思い切って走れるのは序盤の攻撃。特に四死球や失策で出塁したときには、「相手からもらった走者」と割り切って、積極的にスタートを切った。

可能であれば、**変化球を投げるタイミングでスタートを切りたい。**ストレートよりも捕手に到達する時間がわずかに遅く、フォーク系のタテ変化であればワンバウンドの可能性もある。高校生にはあまりおすすめできないが、リード時に捕手のサインを見ることもあった。打者への伝達はルールで禁止されているが、走者が自分の目で見て、走塁に生かすことまでは禁止されていない。

サインを出す際に右ヒザでブロックしていない捕手は、リードした位置からサインが丸見えになる。ただし、バッテリーのサイン交換中に投手から目を切ることになるので、リスクを伴う。眼球だけを動かして、チラ見する。たいてい、ストレートのサインは「グー」か「1本指」(人差し指を伸ばす)になるので、それ以外の複雑な指の形のときは、「ストレート以外」と予想を立てることができる。

「あまりおすすめできない」と書いたのは、捕手の**サインがわからないときにスタートを切れないランナーになってしまう**からだ。それでもあえて書いたのは、「サインはどこから見られているかわからないから、キャッチャーは気をつけましょう」と伝えたいから。

また、捕手の**配球から、変化球を投げるカウントを探る**ことはできる。

打者の気持ちを考えると、「3球以内、できれば追い込まれる前に走りたい」というのが一塁走者の心理としてある。理想的なのは初球スチールだが、相手も警戒しているだけにそう簡

MEMO
・盗塁スタートはなるべく変化球を投げるタイミングで切る
・捕手の配球から、変化球を投げるカウントを探る
・打者の空振りによるアシストも技術のひとつ

単にはいかない。

初球に相手がストライクを取ると、2球目は私の足を警戒して、外目で様子を見ることが多いのでなかなか走れない。カウント1ボール1ストライク。ホームランのある中軸が打席に立っていれば、変化球を投げるカウントになる。あるいは、「荒木に走られたくないから」とストレートが増えるようなら、むしろ打者としてはありがたいところだろう。

3球目までに走れなければ、2ボール2ストライク、あるいは3ボール2ストライクになるまで待つ。2ボール2ストライクは変化球カウントであり、3ボール2ストライクはもうボール球は投げにくいカウントのため、ランエンドヒットの形になりやすい。一番・荒木、二番・井端さんでコンビを組んでいたときは、井端さんが配球を読んで、狙い打つ場面を何度も目にした。

昔から、盗塁の場面で打者がストライクをわざと空振りすることがある。**右打者は盗塁のスタートが見えるので、空振りでアシストするのもひとつの技術だ。**「意味があるの?」と思うかもしれないが、スイングすることによって、捕手は一瞬だけ受け身になり、前にステップするのが遅れることがある。ギリギリアウトのプレーが、間一髪でセーフになる可能性もあるわけで、意図的な空振りにも大いに意味がある。

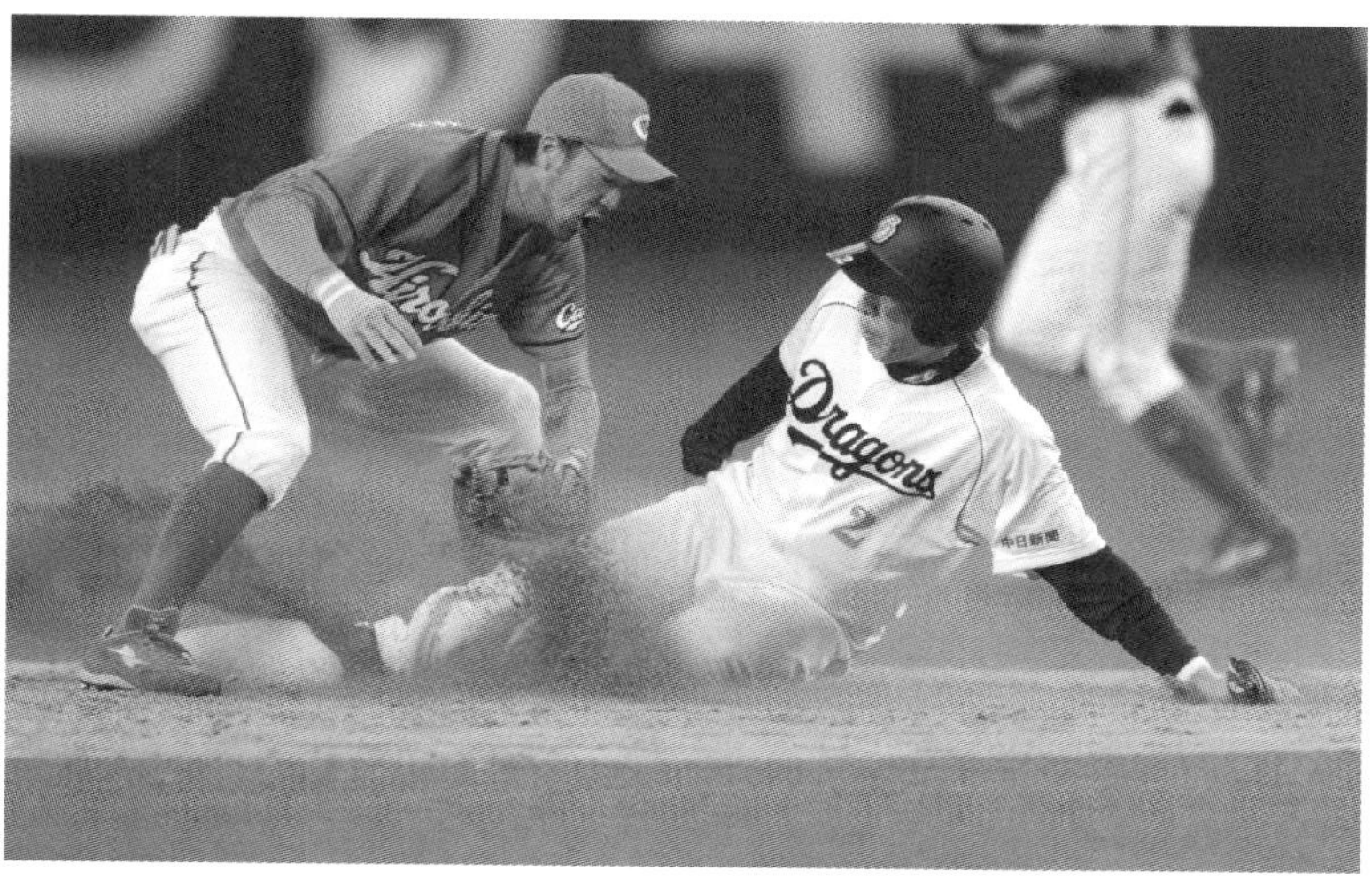

投手の癖やカウントから「変化球を投げるタイミング」を察知できれば盗塁成功率は必然的に上がるはず

PART 2 一塁走者

［スタート］本気の偽走スタート

スタートのふりをすることで守備に重圧をかける

投手が足を上げるタイミングに合わせてスタートを切るのは、何も盗塁のときだけではない。走ったふりをする「偽走スタート」も大事な戦術のひとつで、バッテリーや野手を騙すことができれば、得点のチャンスが広がっていく。

一般的なやり方は、セーフティリードの位置から盗塁と同じスタートを切り、1～2歩進んだところで、シャッフルに切り替える。うまい走者はしっかりと二塁方向に進んでいて、本当に走っているように見える。私は苦手にしていたが……。

気を付けなければいけないのは、スタートを切ったことによって、いつもよりも遠くまで二次リードを取ってしまう恐れがあることだ。仮に二次リードを7メートルと決めているのであれば、偽走スタートをした場合は、シャッフルの距離を短くするか、歩数を減らすなどして、調整する必要がある。気持ちまで前のめりになりがちだが、頭は冷静に。さらに、打者が見逃しや空振りしたときには、**捕手が投げてこなくても必ず帰塁するクセをつける。**

捕手は走者の最初の動きをよく見ているもので、一歩目で腰を90度切る動きがあると、二塁送球の準備に入る。捕手によっては、投げやすい体勢を取るために、フッと腰が浮く。当然、投手の視界にもその動きが入り、腰が浮いたことによって、低めに投げるべき変化球が浮くこともある。そして、その浮いた変化球をホームラン！

となれば、この**ホームランの殊勲者は、偽走スタートを入れた一塁走者となるかもしれない。**偽走スタートはサインではなく、走者独自の判断に委ねられるケースが多い。毎球やっていれば、「どうせ走らないでしょう」と捕手に読まれてしまうので、エンドランカウントでもある1ボール1ストライクや、2ボール1ストライクで仕掛けると効果が高い。

走者の動きに釣られて、二遊間が少しでも二塁ベースに近付いてくれれば、なおありがたい。一、二塁間と三遊間のヒットゾーンが広がることになり、一、三塁を作れる可能性が生まれる。ただ、バッティングで生きている中軸には、「お願いだから、ちょろちょろ動かないでくれ。投球に集中できない」というタイプもいる。そこは、考えを擦り合わせる必要があるだろう。

偽装スタート

セーフティリードの位置から盗塁と同じスタートを切り、1～2歩進んだところで、シャッフルに切り替える。相手に「本当に走った」と思わせられるかがカギ

1

2

3
本気でスタートを
切ったように見せかける

4

MEMO

・偽装スタートも大事な戦術のひとつ
・捕手が投げてこなくても必ず帰塁する
・偽装スタートが打者をアシストするケースもある

5

6

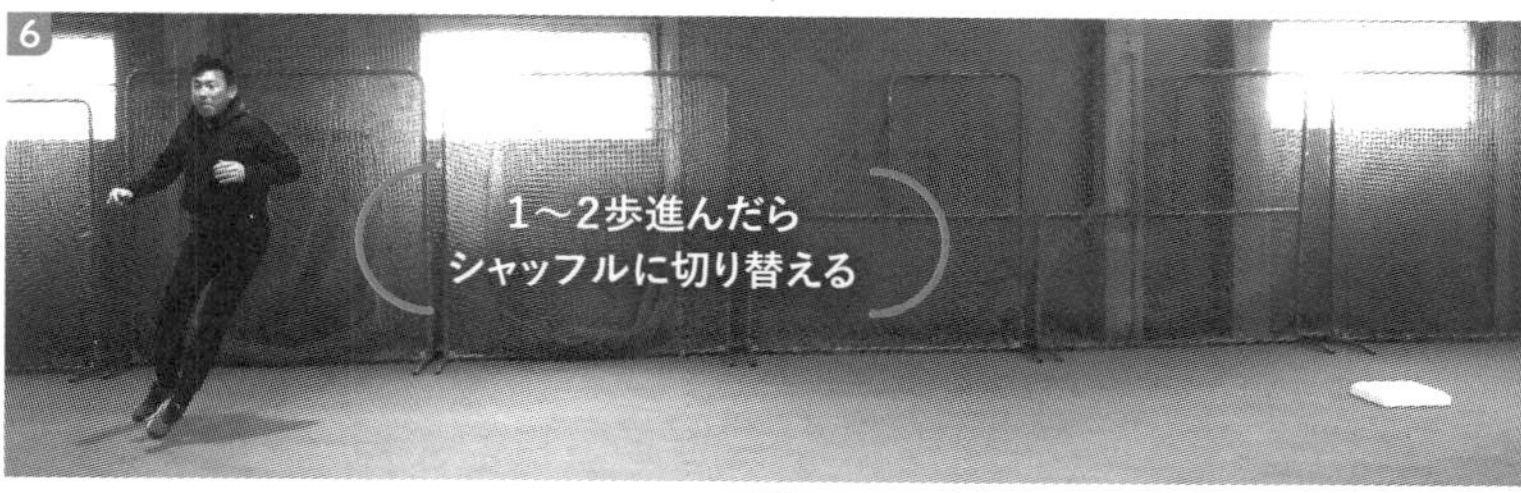

7

PART 2
一塁走者

【スタート】盗塁・ヒットエンドランのスタートの違い

ヒットエンドランで逆を突かれるのはご法度

盗塁やランエンドヒット（走る&打つ）は走者に主導権があり、ヒットエンドラン（打つ&走る）は打者に主導権がある。盗塁のスタートはこれまでの説明のとおりだが、ヒットエンドランに関しては、スタートが少々遅くなっても仕方がない。理想は盗塁と同じスタートだが、心理的に思い切って走りにくい。

なぜなら、けん制で逆を突かれると、守備側に「次はエンドラン」と察知されて、ピッチドアウトされる恐れがあるからだ。攻撃側も「相手にばれている」と感じて、サインが解除される。表現は悪いが、「エンドランのサインでは、けん制アウトが最悪のプレー」と言えるのだ。

スタートを切ってしまえば、あとは打者の責任であり、空振りで盗塁がアウトになったとし

MEMO
・エンドランのサインが出たら一番避けるべきは「牽制アウト」
・スタートをしっかり切れば、あとは打者の責任だと割り切る
・ただし、外野へのライナーのみ、急ブレーキをかけて戻る必要がある

ても、**走者の責任ではない**。このときに、「もっと早くスタートを切りなさい」と言ってしまうと、今度はけん制でアウトになるリスクが高まることになる。

ライナーゲッツーも打者の責任となる。帰塁しようとしても、ほぼ99パーセント戻ることはできない。であれば、相手のミスの可能性にかけて、そのまま次塁に走ったほうがいいだろう。ただし、**外野へのライナーであれば、急ブレーキをかけて戻らなければいけない**。

私には、ヒットエンドランで思い出すプレーがある。札幌ドームで行われた日本ハムとの交流戦だ。一塁走者が私で、打者は井端さん。エンドランのサインで、井端さんがストレートを引っ張ると、高く跳ねたバウンドが三遊間に飛んだ。札幌ドームの人工芝は硬いので、叩きつけた打球がよく弾む。ショートが難しい体勢で捕るのを見て、「絶対にファーストに投げる。その間に三塁に行ける」と確信し、二塁の手前で急ブレーキをかけて、そのまま三塁に向かった。ショートの心理として、あそこから偽投をして、二塁でオーバーランを刺すことはまず考えにくい。ショートを守った経験があったからこそ、わかることだった。

試合後、「荒木の好走塁」と称えられたが、個人的には100点の走塁ではない。三塁を狙う判断がもう少し早くできていれば、二塁ベースのもっと手前でスピードを緩めて、二塁をスムーズに回れたのではないか。やはり**好走塁を実現するには、スピードの緩急が必要**になる。

［スタート］盗塁・ヒットエンドラン時の守備側の対応

シャッフルで二塁ベースに近付く

盗塁・ヒットエンドラン時の守備側（二遊間）の対応についても、解説しておきたい。

一塁に走者が出塁した際に、二遊間が最初にやるべきことは二塁ベースカバーの確認である。ショートとセカンドでアイコンタクトを取り、相手に見えないようにグラブで顔を隠しながら、口を開けたり、閉じたりする。口を閉じたほうが、ベースカバーに入ることが多い。

基本的な考えは、左のプルヒッターであれば、セカンドは守備優先で、ショートがベースカバー。右打者の場合はこの逆になる。難しいのが、右打ちがうまい右打者を迎えたときだ。1点勝負の終盤で、絶対に一、三塁だけは作らせたくない状況では、セカンドが守備優先、ショートがベースカバーを担うこともある。

MEMO
・二遊間は一塁走者が出たらまずはベースカバーの確認
・走者がスタートを切っても、腰を切ってベースに入ってはいけない
・自分の脚力を考えながらベースカバーに入れる位置取りをする

自分が二塁ベースカバーを任されときは、空振りしたあとに走り込んでもベースに入れる位置で守る。脚力によっても変わるが、私の場合はベースから5メートル以内で守っていた。一塁走者がスタートを切ったときに、二遊間が絶対にやってはいけないのは、その瞬間に腰を切って、二塁ベースに入ろうとすることだ。これをやってしまうと、1メートル横のボテボテの打球（セカンドであれば一、二塁間の打球）であっても、追い付くことができない。

大原則は、シャッフル（サイドステップ）を入れながら二塁ベースに近付くこと。シャッフルであれば、体は打者のほうに向いているため、左右どちらの打球にも対応することができる。この動きは、中日の若手にも口酸っぱく伝えてきたことだ。すぐに腰を切る選手は、偽走スタートにも引っかかることになる。

そして、打者が空振り、あるいは見逃したのを見て、全力で二塁に走り込む。だからこそ、ベースカバーに入れる位置取りが重要となる。自分の脚力を考えたうえで、どこの位置からなら入れるのか。これを練習の段階から試しておかなければいけない。ベースカバーだけを考えれば、ベースの近くに守るのがもっとも簡単だが、そうなると守備範囲に偏りが生まれてしまう。

PART 2 一塁走者

[中間走]ミットに入る「音」に耳を澄ます

人には教えにくい職人技

選手や指導者によって考えが分かれるのが、「盗塁のときにキャッチャーをチラ見するか否か」。盗塁のサインであっても、間違って打者が打ってしまうこともあれば、捕手が後ろに逸らすこともある。**打者をチラッと見ておくことで、大事なプレーを見逃すことがなくなる。**

ただ、走者の心理からすると、盗塁のときは真っすぐ二塁ベースに走りたい。私の中では、チラ見するだけでも、スピードがわずかに落ちる感覚があった。

そのため、私自身は盗塁のときに捕手を見たことが一度もない。だからといって、打球を見逃したこともなければ、パスボール（ワイルドピッチ）で二塁に滑ってしまったこともない。

どのように判断していたのか。このやり方を明かすと、多くの人が「ウソでしょう？」と信じてくれず、同じ技術を持っていた選手とはひとりも出会ったことがない。自分で言うのもお

MEMO
・盗塁のときに打者をチラ見することで大事なプレーを見逃さないで済む
・現役時代は「ミットの音」で判断していたが、人には理解してもらえない技
・打球音がしたらショートの視線で打球方向を判断する

かしいが、職人技だと自負している。

判断の材料にしていたのが、音である。一塁から二塁に走っている途中、どれだけの大観衆が詰めかけた甲子園球場であっても、キャッチャーミットにボールが収まる音が聞こえるのだ。完全に感覚の話になるが、「ここで音が聞こえたらセーフ」「ここで聞こえたら、かなり際どいタイミング。スライディングで何とかセーフにならなければいけない」という目安があった。信じてもらえないかもしれないが、頼りにするのはミットの音だけだ。

仮に、音が何も聞こえなかったときに、初めて首を振って、本塁のほうに目をやる。そのときはたいていの確率で、ボールを後ろに逸らしている。

「カン！」と音が聞こえたときは、打球音になる。打者を見てもすでにボールはないので、二塁に走りながらショートに視界を移す。ショートの視線によって打球を判断することができるのだ。真上を見ていれば、内野フライの可能性があるため、急ブレーキをかけて一塁に戻る。後ろを向いていたら、外野にまで打球が飛んでいることがわかる。

コーチ時代は、誰に対してもこのやり方は教えていなかった。教え切れる自信もなかったからだ。念のために書いておくが、エンドランのときはもちろんチラ見をする。

［スライディング］横向きで滑るのが鉄則

野手の動きから送球の位置を見極める

盗塁を決めるための最後の肝はスライディング。どれだけいいスタート切ったとしても、ベース付近でスピードが落ちてしまえば、成功率は当然低くなる。

滑る位置として、「二塁ベースの外野寄りの一角を狙う」という考えも聞くが、私は気にしたことがない。それよりも大事なことは、「野手の動きを見て、タッチされにくいところに滑る」。さきほどの音の話に戻るが、「このタイミングでは際どい……」と思ったときは、野手の動きに目を向ける。ショート寄りで構えているのなら、その逆側に滑り、野手が上に伸びるような体勢を取っているのなら、タッチがされにくいようにできるかぎり低い体勢で滑り込む。ギリギリのタイミングになったときこそ、「どこに滑るか」が重要になる。

技術的なポイントは、ヘソを横に向けて、横向きに滑ること。私は右足を伸ばすタイプだっ

MEMO
・スライディング時には野手の動きを見てタッチされにくい場所に滑り込む
・地面との摩擦を小さくしたほうが減速せずに滑ることができる
・上向きでスライディングすると減速しやすい上にタッチされやすい

たため、左ヒザの外側に土が着き、お尻が汚れることはほとんどなかった。シンプルに考えれば、**地面との摩擦を小さくしたほうが減速せずに滑ることができる**（106ページ参照）。

スピードに乗ったスライディングは、ベースに着いたときの衝撃が強く、まともに受け止めるとヒザへの負担が大きくなる。横向きに滑ると、右ヒザの曲げ伸ばしが自在に使え、着地の衝撃を吸収しながら、すぐに立ち上がることが可能になる。

NG動作となるのが、上を向いて滑ってしまうことだ。伸ばした足のかかとが地面に引っかかったり、地面にお尻が着いたりして、スピードが落ちやすい（107ページ参照）。立ち上がろうとするときにヒザがお腹に食い込むこともあり、次のプレーにもスムーズに移りにくい。さらに、どうしても上体が立ってしまうため、体にタッチされやすい状況を自ら作り出していることにもなる。

右足を伸ばすか、左足を伸ばすかは、選手それぞれのクセであり、両足で同じように滑るのはプロ野球選手であっても難しい。ただ、野球が左回りの競技であることを考えると、右足を伸ばして滑ったほうが、すぐに立ち上がって左に回りやすいのではないか。あくまでも、私の感覚ではあるが。

スライディングの向き

横向きに滑る

動

ヘソを横に向けて、横向きに滑る。右足を伸ばすタイプは、
左ヒザの外側に土が着き、お尻が汚れることはほとんどない。
地面との摩擦を小さいので減速せずに滑ることができる

上向きに滑る

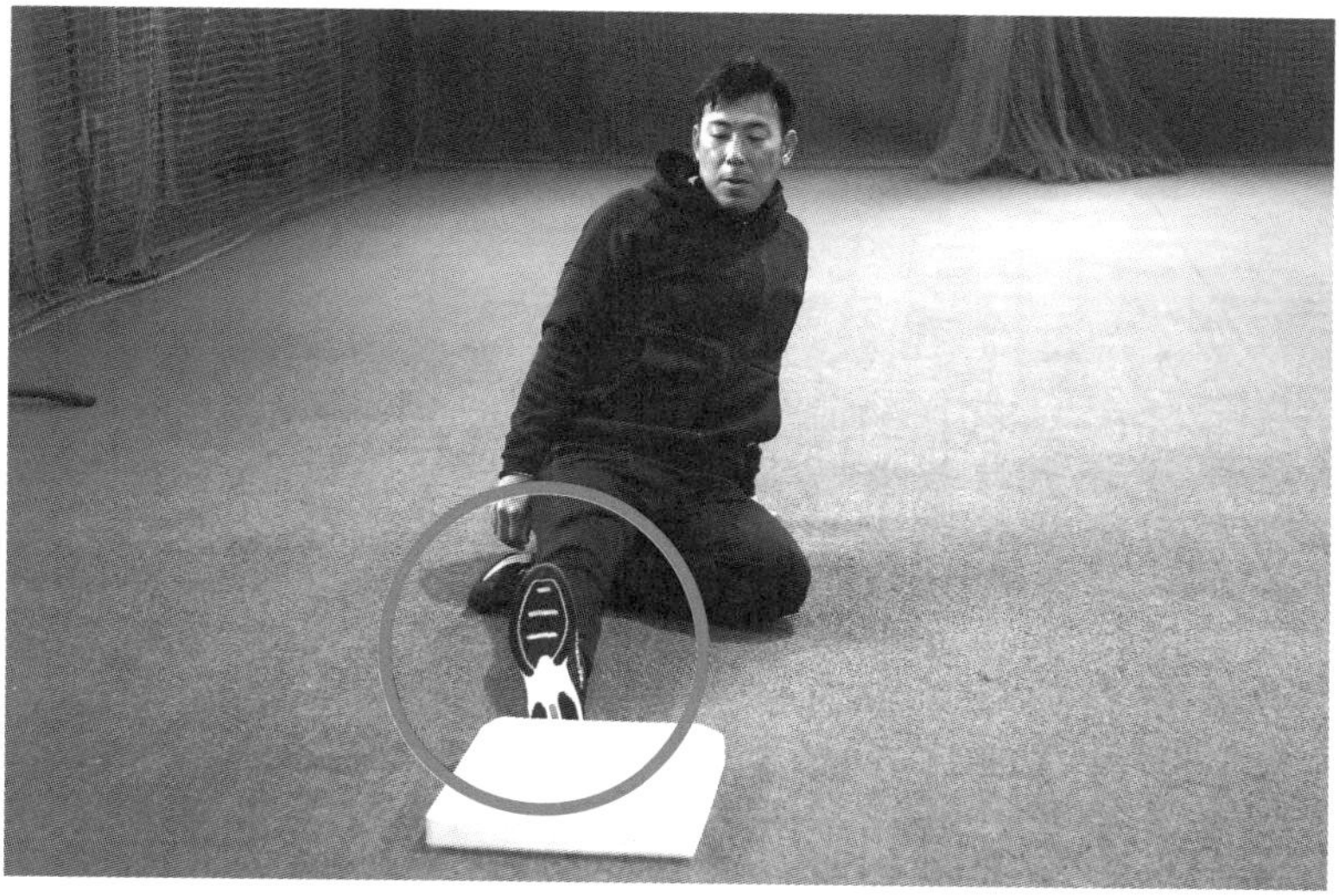

身体が上を向いた状態で滑ってしまうと、伸ばした足のかかとが地面に引っかかったり、地面にお尻が着いたりして、スピードが落ちやすい。また、立ち上がろうとするときにヒザがお腹に食い込むこともあり、次のプレーにもスムーズに移りにくい

PART 2 一塁走者

［スライディング］野手はベースの上で送球を捕る

前に出て捕るのはNG動作

今度は視点を変えて、ベース周りの二遊間の守備について。「リクエスト制度」が導入されてから、守備側もタッチの速さをより追求するようになっている。

コーチ時代、二遊間に口酸っぱく言っていたのは、「ベースの前に出るな。ベースをまたいで、ベースの上で捕りなさい」。タッチはそのままグラブを落とすのではなく、小指側を回すように落としたほうが、捻りのスピードを使える。走者の目線でいくと、ベース上に野手がいると心理的にスライディングがしにくい一面もある。

最近の若い選手は、「早くボールを捕りたい」と思う気持ちが強いのか、二塁ベースの前で送球を受けたがる傾向にある。当然、ベースの後ろ側（外野寄り）の走路が空くことになり、このスペースに滑り込まれると、どうしても追いタッチになってしまう。タッチまでの距離も生まれるため、「前に出るメリットはほぼない」と言っていいだろう。練習をしていけば改善できることなので、ベース上で捕る習慣をぜひ付けてほしい。

ヒットエンドランの項でも話したが、打者が空振りしたあとでもベースカバーに間に合うのが、適したポジショニングと言える。では、「間に合う」の目安はどこにあるのか？

セカンドであれば、左足をベースの横に置いた体勢で捕球し、捕球後に右足を着地するのがベストのタイミングだ。完全にまたいだ状態で送球を待っているとなれば、もう少し、二塁ベースから離れたところを守ってもいい。

ショートは、走り込んだ勢いのまま捕球できるので、多少ベースカバーが遅れても対応ができる。右足着地、捕球、左足着地のリズムが、ベストのタイミングとなる。仮にセカンド方向に送球が逸れた場合は、わざわざベースにタッチにいくのではなく、そのまま走者の胸や頭にタッチしてもいい。案外、走者の足がベースに届くよりも早く、タッチできていることが多い。

ベースの入り方（セカンド／二盗時）

1

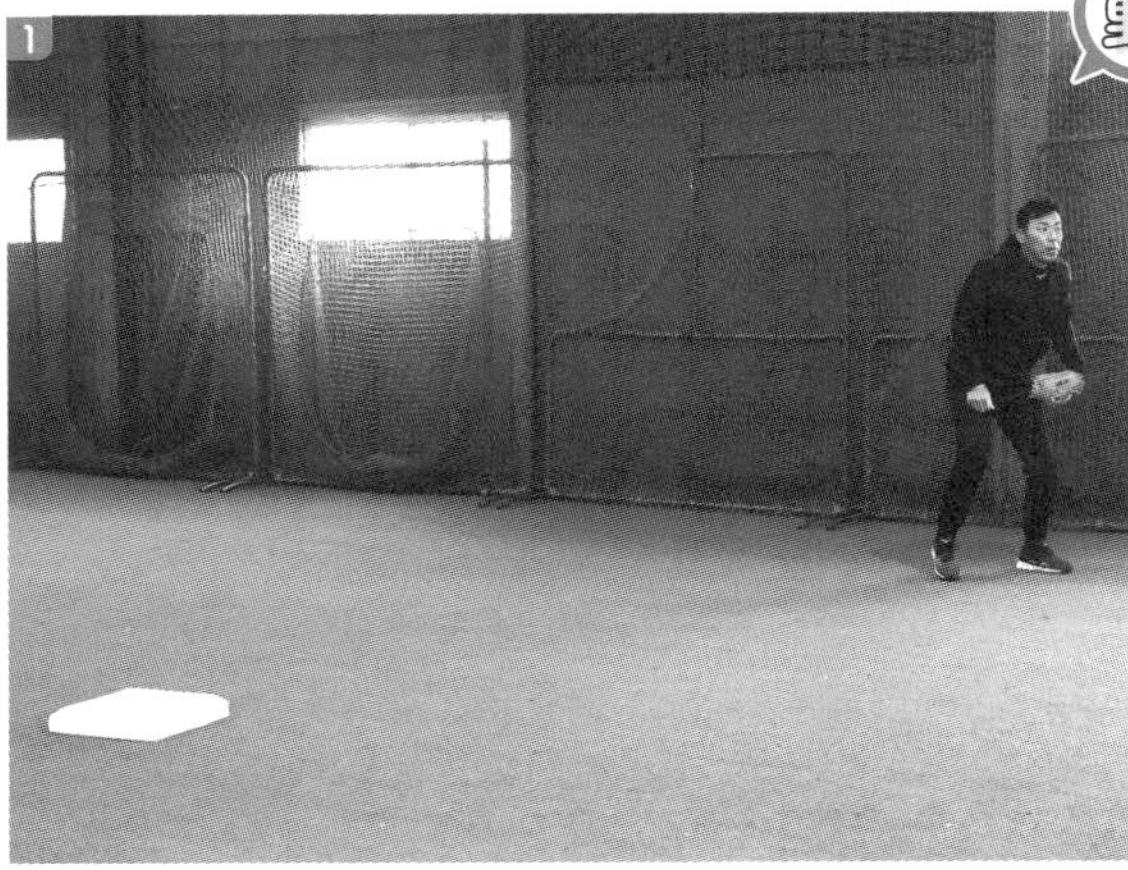

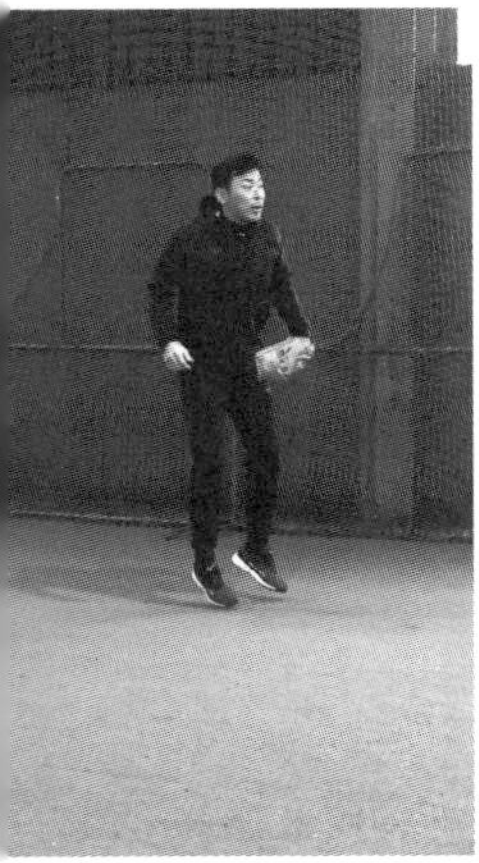

4

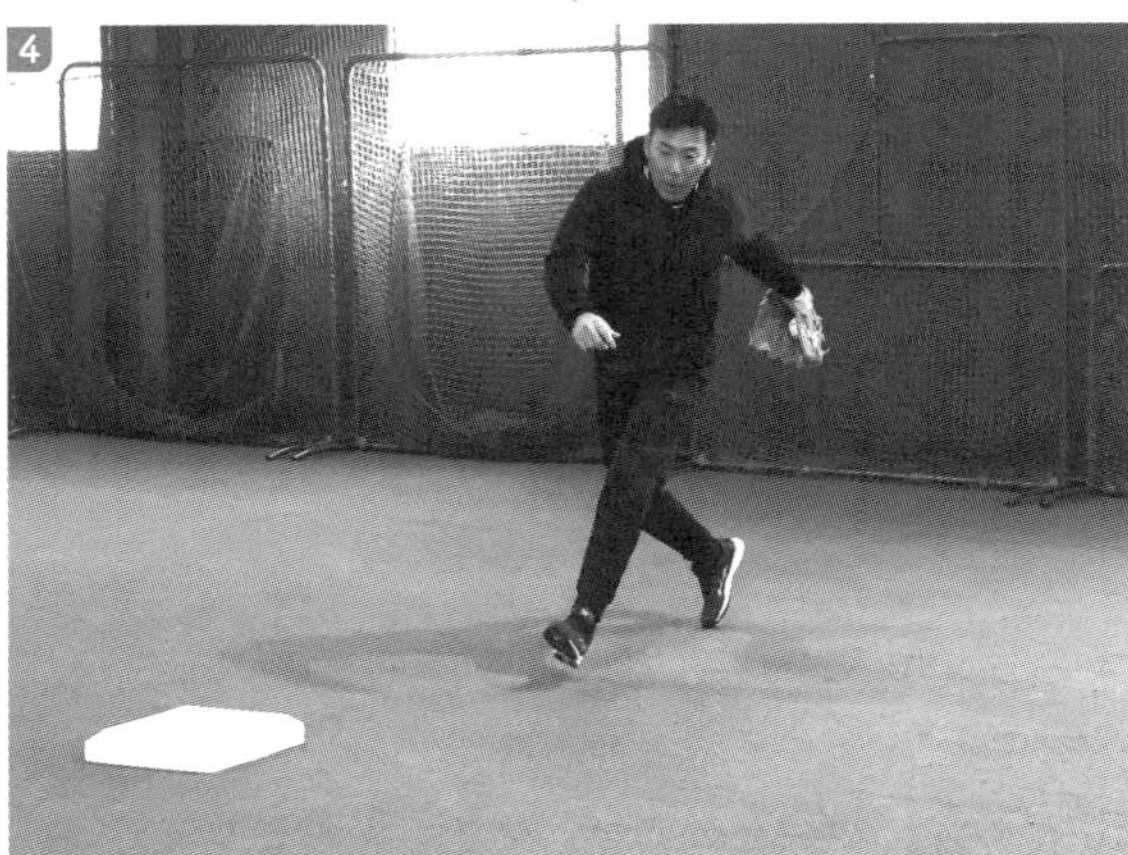

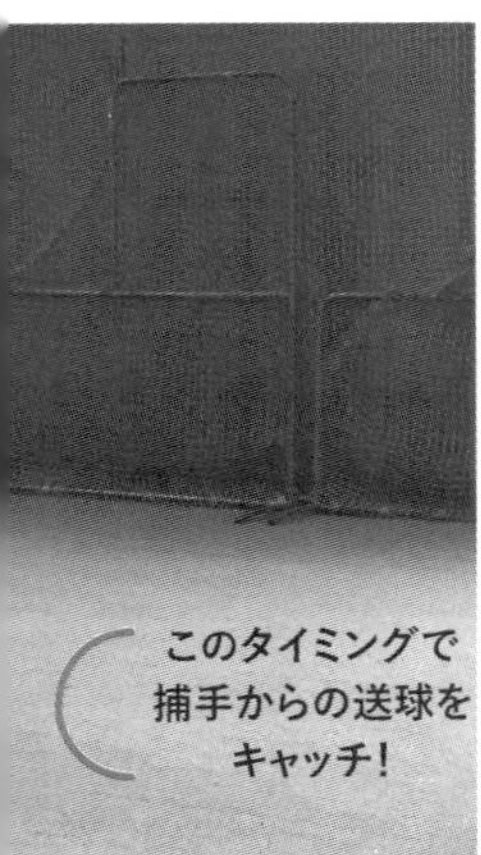
このタイミングで
捕手からの送球を
キャッチ！

MEMO

- ・ベースの前ではなくベースの上で捕る
- ・ベースの前で捕るメリットはほぼない
- ・打者が空振りしたあとでもベースカバーに間に合うのが、適したポジショニング

左足をベースの横に置いた体勢で捕球し、捕球後に右足を着地するのがベストのタイミング。ベースの前ではなく、ベース上で捕球するのがベスト

ベースの入り方（ショート／二盗時）

4

5

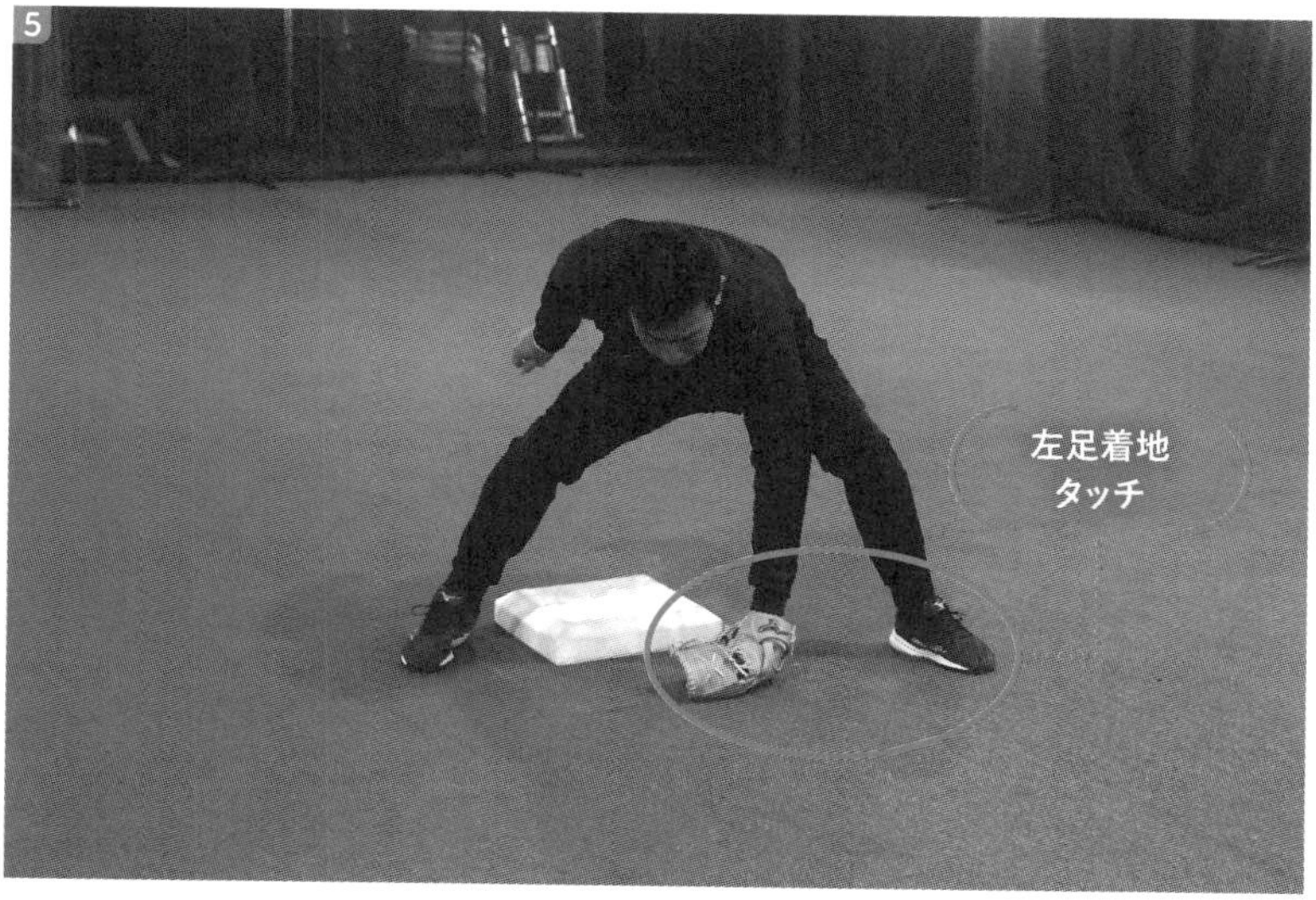

ショートは走り込んだ勢いのまま捕球できるので、多少ベースカバーが遅れても対応ができる。
右足着地→捕球→左足着地（＆タッチ）のリズムが、ベストのタイミング

PART 2 一塁走者

［シャッフル］打者のインパクトに合わせる

シャッフルの左足でインパクトを迎える

当然のことながら、毎球、盗塁のスタートを切るわけではなく、切らないことのほうが圧倒的に多い。そのときに走者がやるべきことは、シャッフルで二次リードを取り、打者のインパクトのタイミングに合わせることによって、打球判断をより速く、的確に行うことができる。

シャッフルの最大のポイントは、「左足で合わせる（右足は空中に浮いている）」に尽きる。「右足で合わせる」と思っている選手がプロの中にも多く、これではライナーが飛んだときに戻り切れない。

私がやっていたのは、ポーン・ポーン・ポーンとシャッフルを3歩入れて、最後に左足が着地したところでインパクトを迎える。そして、次の右足の着地で「ゴー」「バック」の判断をしていた。右足で合わせようとすると、右足が着地したあとにさらにもう一歩、次塁方向に進みやすく、バックの判断が遅れてしまうのだ。

この動きを習得するには、シャッフルの一歩目を右足から出ることが重要になる。あくまでも私の感覚だが、右から動くことで左足に長く乗って、インパクトをしっかりと見極めることができる（ただし、完全に静止しているわけではない）。左足に乗っている時間が短いと、結局は右足で合わせざるをえなくなる。

走者一塁時に気を付けたいのが、送りバントの空振りや見逃しで飛び出してしまうことにある。せっかくチャンスが広がっていく場面で、一瞬にして走者がいなくなる。気持ち的にも落ちてしまうところだろう。これを防ぐにも、「左足で合わせる」がカギとなり、「バットに当たってから判断」で構わない。空振りした場合には次の右足の着地で戻れば、何ら問題ない。

選手にこの話をすると、「スタートが遅くなりませんか？」と聞かれることがあるのだが、たしかにワンテンポ遅くなるかもしれない。でも、それでいいと思っている。スタートは遅くなるが、100パーセントの確信を持ってスタートが切れるので、そこから十分に挽回ができる。自分が思っているよりも遅いタイミングのスタートのほうが、じつは好走塁につながるのではないだろうか。

シャッフルの左足を打者のインパクトに合わせる

モーションに合わせてポーン・ポーン・ポーンとシャッフルを３歩入れて、最後に左足が着地したところでインパクトを迎えるのがベストタイミング。次の右足の着地で「ゴー」「バック」の判断をする

動

MEMO

・シャッフルで二次リードを取り、打者のインパクトのタイミングに合わせる

・最後に左足が着地したところでインパクトを迎える

右足着地とともに
ゴーかバックを判断

［シャッフル］守備陣の隙を突くディレードスチール

ディレードができれば「ワンバウンドGO」もうまくなる

シャッフルの応用編となるのが、ディレードスチールである。「ディレード」の言葉のとおり、スタートをあえて遅らせることによって、捕手の送球とともに二遊間のベースカバーを遅らせる狙いがある。

どのタイミングでスタートを切ると、捕手に気付かれにくいのか。それは、捕手がボールを捕る直前、つまりはホームベース付近となる。その瞬間、ボールを捕ることに集中するため視野が狭くなり、走者の動きまで目で追うことができない。走者はシャッフルから盗塁のスタートに切り替えて、二塁を陥れる。

通常のシャッフルは、116ページで紹介したとおりポーン・ポーン・ポーンと3歩。ただ、

MEMO
- ・ディレードのスタートタイミングは捕手がボールを捕る直前
- ・シャッフルでできるかぎり距離を稼げるかが成功のカギ
- ・ディレードのタイミングと、「ワンバウンドGO」のタイミングはよく似ている

ディレードの場合は、インパクトに合わせる必要がなくなるため、ポン・ポン・ポンと速いリズムでもいい。あるいは、ポーーン・ポーーンと距離を稼いで2歩で合わせるか。タイミングの取り方は、選手によって変わっていく。

ディレードの注意点は、**シャッフルでできるかぎり距離を稼ぐことにある。**二塁ベースに近付くことで、セーフになる確率が高まる。そのため、ディレードのシャッフルに関しては左足からの始動でも構わないだろう。

じつは、この**ディレードのタイミングと、「ワンバウンドGO」のタイミングはよく似ている。**「ワンバウンドGO」とは投球の軌道を見て、ワンバウンドがしそうなところでスタートを切る。捕手が逸らしたり弾いたりするよりも前に、アクションを起こすために、わずかな弾きであっても、次塁を陥れることができる。

ディレードスチールで思い出すのは、DeNAの濵口遥大投手と対戦したときだ。一塁走者は阿部寿樹（現・楽天）。ストライクカウントを見て、「次は100パーセントの確率でチェンジアップ」と読めた場面があった。直感的にディレードのサインを出したところ、チェンジアップがワンバウンドになり、結果としてワンバウンドGOと同じ形となった。ディレードは、こういう使い方もある。

PART 2 一塁走者

［外野前へのヒット］
一塁から三塁を狙う判断

自分で判断するクセを付ける

走者一塁の状況で、もっとも難しいのがライト前ヒットで三塁を狙うか否かの判断である。レフトやセンターであれば自分の目で確認できるため、どんな選手でもある程度の判断ができる。しかし、ライト側の打球をずっと見ながら走ることはできない。そこで、三塁コーチャーの指示を仰ぐことになるのだが、そこにばかり頼り切っていると、走塁は一向にうまくならないのも事実だ。

私がおすすめしたいのは、コーチャーをあえて置かずに行う走塁練習である。走者一塁の状況で、ノッカーがライト前にヒット性の打球を打つ。走者は事前に、ベース上でライトの守備位置や肩を必ず確認したうえで、どれぐらいの打球の強さであれば、三塁を狙えるかを体で覚えていく。強い打球の場合はなかなか狙いにくいが、ライトの正面から左右に逸れれば、捕球

MEMO
・コーチャーを置かずに練習して判断力を養う
・練習での失敗=アウトは大歓迎。失敗することが次につながる
・セオリーにとらわれず、いつでも積極的な姿勢を持つ

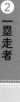

から送球に移る体勢が崩れる可能性がある。

私の場合は、「カン!」とライト前に抜ける打球を見て、打球の強さ、ライトのチャージの速さ、肩の強さやコントロール、そして自分の脚力を照らし合わせて、一瞬の間に「これなら行ける!」という判断をしていた。それは、長年の経験から成せる技であり、すぐにできるものではない。判断力を磨くには、練習あるのみ。失敗(アウト)は大歓迎。そのアウトこそが次につながる教材であり、「今の打球なら、三塁には行けない」とわかることが大事になる。

本当は、「自分がここまで走っていて、ライトがこの位置で捕ったら三塁はセーフになる」といった方程式があるといいのだが、人によって脚力もベースランニングのスキルも違うので、絶対的な正解が存在しない。

なお、走塁のセオリーとして「序盤は超積極的に、中盤は積極的に、終盤は慎重に」、アウトカウントによっても「無死は慎重に、二死は積極的に」といった考えを聞く。個人的には、こういう考えがあるから、自重してしまう気もする。走塁に関してはいつでも積極的な姿勢を持つべきである。その気持ちがあっても、終盤の緊迫した場面になれば、本能的に慎重になるのが野球選手であろう。だからこそあえて、セオリーで縛る必要はないように思う。

PART 2 一塁走者

［走者一、二塁］ダブルスチールの大原則

後ろの走者は絶対に無理をしないこと

ここからは、前に走者がいる状況での一塁走者の動きを解説していきたい。

一、二塁の場面で、意外と難しいのがダブルスチールの判断である。

「盗塁」のサインが出ていたとしても、二塁走者がスタートをうまく切れなかった場合に、寸前で止まることがある。本来は絶対にやってはいけないことなのだが、起こりうる可能性もゼロではない。ダブルスチールのサインにおいては、二塁走者は100パーセント、スタートを切らなければいけない。しかし、単独一塁と同じタイミングでスタートを切ると、「二塁ランナーが走っていなかった」ということもありうるのだ。

より難しいのが、二塁走者が自分の判断で走ったときだ。二塁走者は、投手の首振りの回数を見ながら、「このタイミングなら狙える」と確信を持てることがある。足の速い走者に対し

MEMO

・サインが出ていても二塁走者がスタートをうまく切れなかった場合に、一塁走者は寸前で止まることがある

・サインが出ていない状況で二塁ランナーが走っても、一緒に着いていく必要はない

ては、「グリーンライト」が出ていることもあり、自由に走ることができる。

一塁走者は、本能的に「自分も一緒に走らなければ」と思いがちだが、これが失敗の元になる。視野の広い捕手は、二塁走者をあきらめて、スタートが遅れた一塁走者を刺しにくる。三盗が悠々決まるタイミングにもかかわらず、二盗がアウトになっていると、ベンチのムードは一気に沈む。

私が一塁コーチャーに立っているときには、「もし二塁ランナーが走っても、一緒に着いていく必要はない」と塁上で念を押すように声をかけていた。無理をする必要は絶対にない。

走者一、二塁や一、三塁のときに、一塁走者がダブルタッチアップを狙う場面もある。たとえば、左中間の深いエリアへのフライに対して、二塁走者がタッチアップ、一塁走者もレフト（あるいはセンター）からサードへの送球間を狙って、タッチアップで二塁を陥れる。

ばっちり決まると、チャンスが一気に拡大するが、決して簡単なプレーではない。一塁コーチャーの私が常々伝えていたのは、「無理をしなくていいぞ」。後ろの走者に関しては、走塁によほど自信がある選手以外は無理をしない。消極的に思われるかもしれないが、後ろの走者が走塁死することほど痛いことはない。

［走者一、二塁］二次リードの距離に要注意

一塁コーチャーの位置も工夫の余地あり

ランナー一、二塁の場面。一死や二死であれば、ファーストは一塁ベースを離れて、走者の後ろ（背中側）に守ることが多い。そのため、ベースに着いているときよりも少し大きくリードを取ることができる。

ここで一塁走者が気を付けるのは、ファーストが裏から入ってくるピックオフプレーである。考えられるパターンは、投手からのけん制と、投球後の捕手からファーストへの送球の2点だ。ファーストの動きをチェックするのが、一塁コーチャーの役目となる。

が、私は一塁コーチャー時代に2度、オスナ選手（ヤクルト）にピックオフプレーでアウトにされている。どちらも捕手からの送球で、「あ！」と思ったときにはもう完全にアウトのタイミングだった。

なぜ、こんなことが起きるのか。2度アウトになって、やっと気付いたことがある。

一、二塁の場面では、一塁コーチャーはボックス内の捕手寄りに立ち、打者には背中を向ける。ファーストの動きを視界に入れながら、二塁走者に対してリード幅やセカンド・ショートの位置をジェスチャーで伝える。そして、投球動作に入ったところで、首だけを打者側に向けて、ボールの軌道を追う。これが、今までセオリーとされてきた一塁コーチャーの動きである。

だが、これにはひとつ大きな盲点がある。首を振って、投球を追っているときには、ファーストの動きを見ることができないのだ。私が投球を見ているわずかな隙を狙って、オスナはするすると動いていた。

さすがに同じミスを3度繰り返すことはできない。改善策として考えたのが、ファーストの動きも投球もすべてを俯瞰できる位置に立つことだった。打者側ではなく、外野側に立ってみることで、それが実現できた（プロ野球の場合は、コーチャーボックスの外に立っていても厳しく注意されることはない／127ページ参照）。ここに立ってからは、ピックオフで刺されることはなくなった。そもそも、ピックオフを仕掛けてくる回数が格段に減ったように思う。

セ・リーグを見ているかぎり、一、二塁の場面で私と同じ位置に立っているコーチャーはまだ誰もいない。結構、おすすめの立ち位置だと思うが、どうだろうか。デメリットとしては二塁

MEMO
・ベースが空いる場合も一塁走者はファーストが裏から入ってくるピックオフプレーに気をつける
・走者だけでなくコーチャーの立ち位置を工夫することも重要
・走者は二次リードで出すぎないように注意する

走者への声かけができなくなることだが、そこに関しては、事前に「自分で見ておいてくれ」と伝えるようにしていた。

走者として注意すべきことは、二次リードで出すぎないこと。一次リードがやや大きくなる分、通常時と同様にシャッフルを入れると、その分大きくリードしてしまうことになる。繰り返しになるが、二次リードの幅はどんな状況であっても変えないように。特に複数走者がいるときの一塁走者は、ついつい気が緩んでしまいがちなので、いつも以上に注意をしておきたい。

逆に守備側の視点から考えると、本塁から遠い走者こそ、けん制やピックオフでアウトにできるチャンスがある。打者でアウトを取るのも、走者でアウトを取るのも同じアウト。投手がボールを持っていることを考えると、主導権は守備側にあり、さまざまなプレーを選択することができる。

一塁コーチャーのポジショニング
(一、二塁のケース)

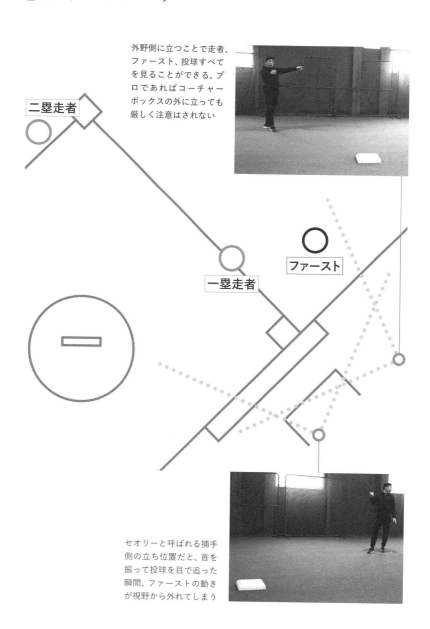

外野側に立つことで走者、ファースト、投球すべてを見ることができる。プロであればコーチャーボックスの外に立っても厳しく注意はされない

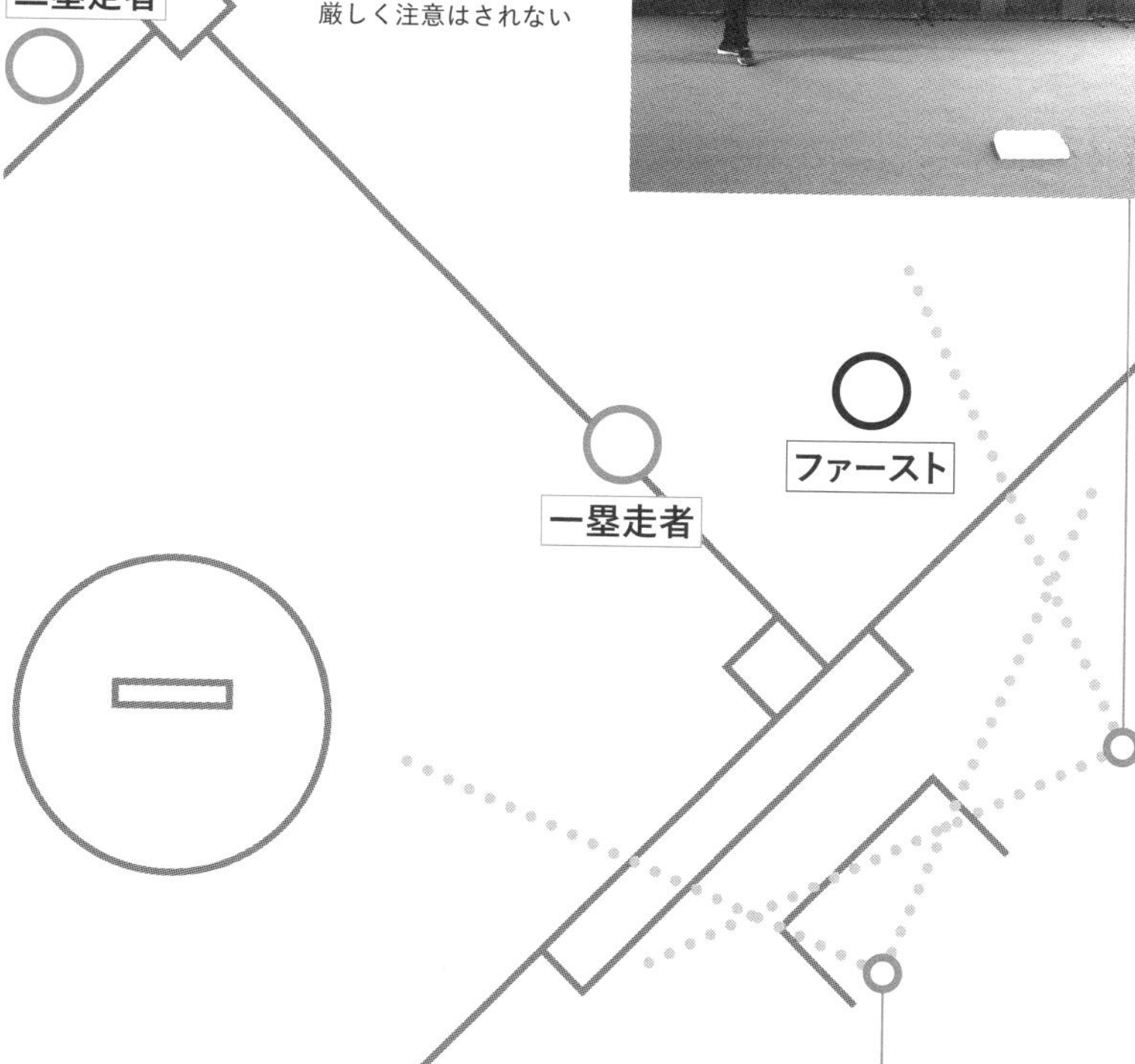

セオリーと呼ばれる捕手側の立ち位置だと、首を振って投球を目で追った瞬間、ファーストの動きが視野から外れてしまう

PART 3

二塁走者

PART 3 二塁走者

【リード】投手から絶対に目を離さない

戦術を限定させないため斜め後ろにリード

「得点圏」と表現されることが多い走者二塁。ここでの状況判断が、得点に大きく関わっていくことになる。

ベース上でサインを見たあとに、外野手の守備位置を確認するのは一塁走者と同じ。特に、外野へのシングルヒットで本塁に生還できるかが重要であるため、前後の位置取りは絶対に見逃してはならない。ツーストライク後に、外野が前に来るケースもあるため、1球1球確認したほうがいいだろう。

リードは、一塁走者のときのようにバッククロスを入れる必要はさほどなく、歩きながらリードを取っても構わない。一塁との大きな違いは、ベース上に野手がいないこと。一塁は基本的にファーストがベースに着いているが、二塁ではセカンド、ショートともに、いわゆる「開い

MEMO
・外野手の守備位置は1球1球確認する
・リードはオンラインではなく斜め後ろから取る
・「投手から目を離さない」はどの塁に出ても共通の注意点

た状態」である。その分、リード幅を取ることができる。

私の場合は、セカンド、ショートがベースの近くにいないかぎりは、左・右・左・右・左、最後に右足を横に踏み出して、リード完了。ごく自然にササッと歩いていく感じだ。注意すべきは、「投手から目を離さないこと」。ここはすべての塁に共通することである。

二塁けん制で刺されやすい選手は、野手の動きが気になってキョロキョロしていることが多い。野手を見た時点で、投手から目を離したことになり、けん制死のリスクが高まる。野手がどれだけ動こうとも、ボールを持っている投手が投げないかぎりは、けん制は成立しないことを頭に入れておきたい。二遊間の視点で考えると、キョロキョロしている走者がいると、「けん制で刺すチャンス!」と思えるものだ。

リードの位置は、写真(132ページ参照)を見てわかるとおり、二塁・三塁を結んだオンライン上ではなく、斜め後ろに取る。はじめからオンラインにいると、「盗塁?」「バント?」と守備側にヒントを与えることになりかねない。そのため、あえて斜め後ろに取る。盗塁やバントのときは、ここから斜め前にシャッフルを踏み、オンラインに入っていく。もちろん、最初からオンラインでリードを取っても、何ら間違いではない。

二塁走者のリード位置

動

1

2

二塁走者のリードは二塁・三塁を結んだオンライン上より、斜め
後ろに取る。盗塁やバントの場合は少しでも三塁に近づきたいため、
そこから斜め前にシャッフルを踏んでオンラインに入っていく

PART 2 一塁走者

［帰塁・スタート］投手のクセを見抜く

もっとも出やすいのは首振りの回数

帰塁の鉄則は足から戻ること。スタンディングであれば、投手に背を向ける形で、右足で塁に戻る。ギリギリのタイミングになると、ついついヘッドスライディングで戻ってしまうのだが、可能なかぎり避けたい。セカンドとショートは動きながらベースカバーに入ってくるだけに、一歩間違えると足を踏まれたり、体に乗られたりするリスクが、一塁のとき以上に大きい。ヘッドスライディングでしか戻れないケースも当然あるが、ケガのリスクもあることを理解しておきたい。

じつは私は、三盗のスタートを苦手にしていて、ほとんど成功した記憶がない。逆に三盗をバシバシ決めていたのが松井稼頭央さんで、二盗と同じようなロケットスタートで成功させていた。これは、本当に足が速い選手でなければなかなかできないことだ。

MEMO
・帰塁は原則、足から。ヘッドスライディングは極力避ける
・三盗は投手のクセがわかっていないかぎりは、走るのが難しい
・ピンチの場面で強打者を迎えたときなどは、本来持っているクセが出やすい

通常は、シャッフルを1～2歩入れて、投手とのタイミングを計ったうえでスタートを切る。タイミングが合わなければ戻ればいい。松井さんは、「ヨーイドン！」の形で決めていただけに、別次元のスピードである。

一般的なセオリーで考えると、三盗は投手のクセがわかっていないかぎりは、走るのが難しい。もっともわかりやすいクセが、首振りの回数である。つまりは、二塁走者を何回見てから投げるのか。一番走りやすいのが、「サインを見る・二塁を見る・ホームを見て投げる」の首振り1回のパターン（136ページ参照）。これが一定のリズムで行われていると、スタートのタイミングを掴みやすくなる。

二塁から本塁に目線が切り替わるときに、シャッフルで間合いを計り、投球動作と判断できたところで三塁に向かって走り出す。シャッフルを入れることで、仮に逆回りのけん制がきたときに反応（帰塁）できるメリットもある。

投手としては何度もスタートを切られると、首振りを2回にしてみたり、ホームを見てからすぐに投げずに時間を置いたり、意図的にバリエーションを増やす。ただ、これができるのは精神的に余裕があるときで、ピンチの場面で強打者を迎えたときなどは、本来持っているクセが顔を覗かせることが多い。無意識の自分が出てくるのだ。特に、そこまで足が速くない走者

投手の「首振り」の一例

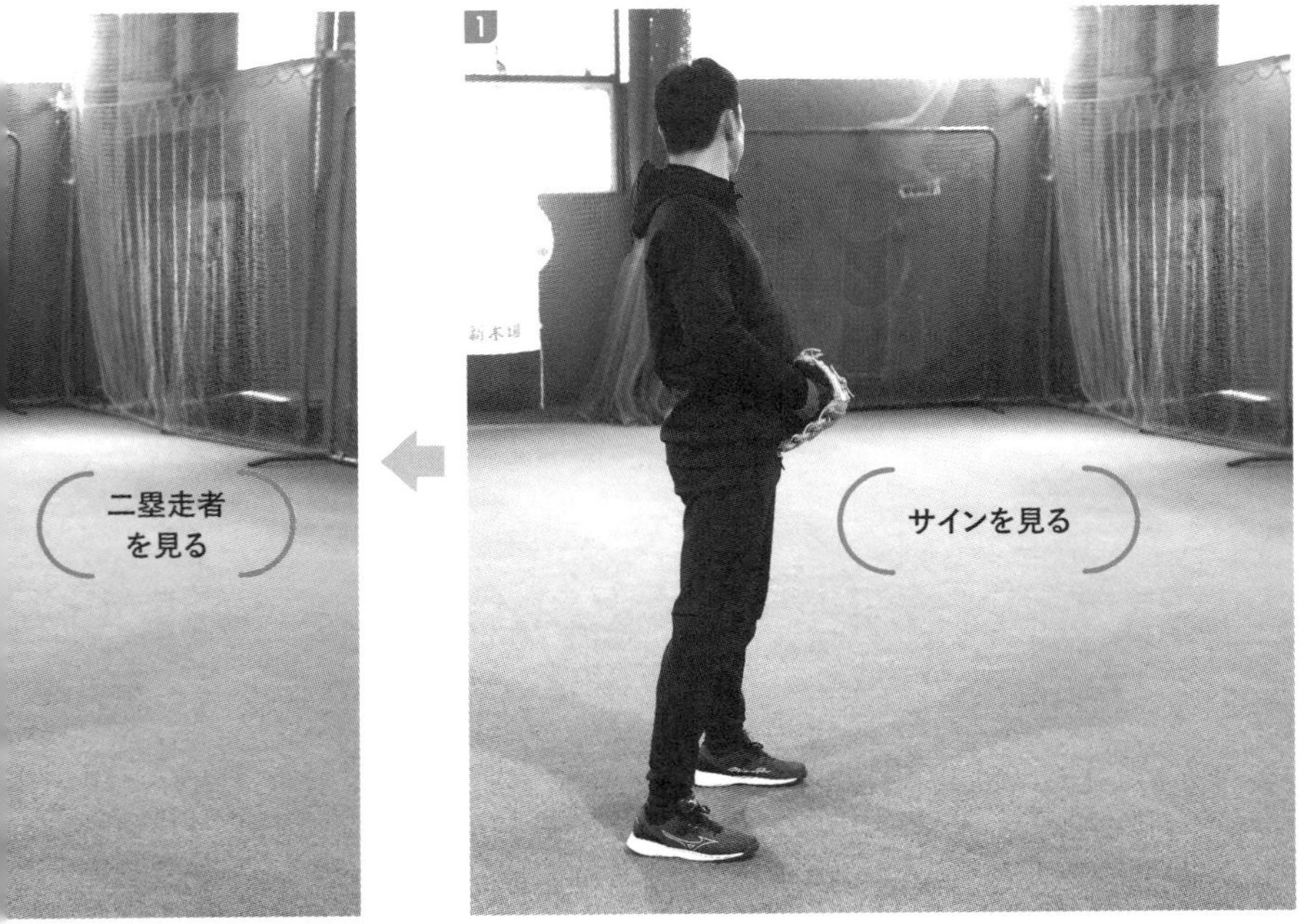

がいるときに、一定のパターンになりやすい。三盗には勇気が必要であるが、こういう場面であれば、思い切ってスタートを切るのも面白いだろう。

ランナーの視点で考えると、二塁走者を一度も見ずにホームに投げたり、逆に二塁走者を見たまま投球されたりする（かなりの難易度であるが）と、スタートのタイミングが掴めない。「首振り」があるからこそ、そこにクセが生まれてくるのだ。

ベンチにいるときから、「首振り1回」「首振り2回」と、仲間同士で確認し合うことをおすすめしたい。

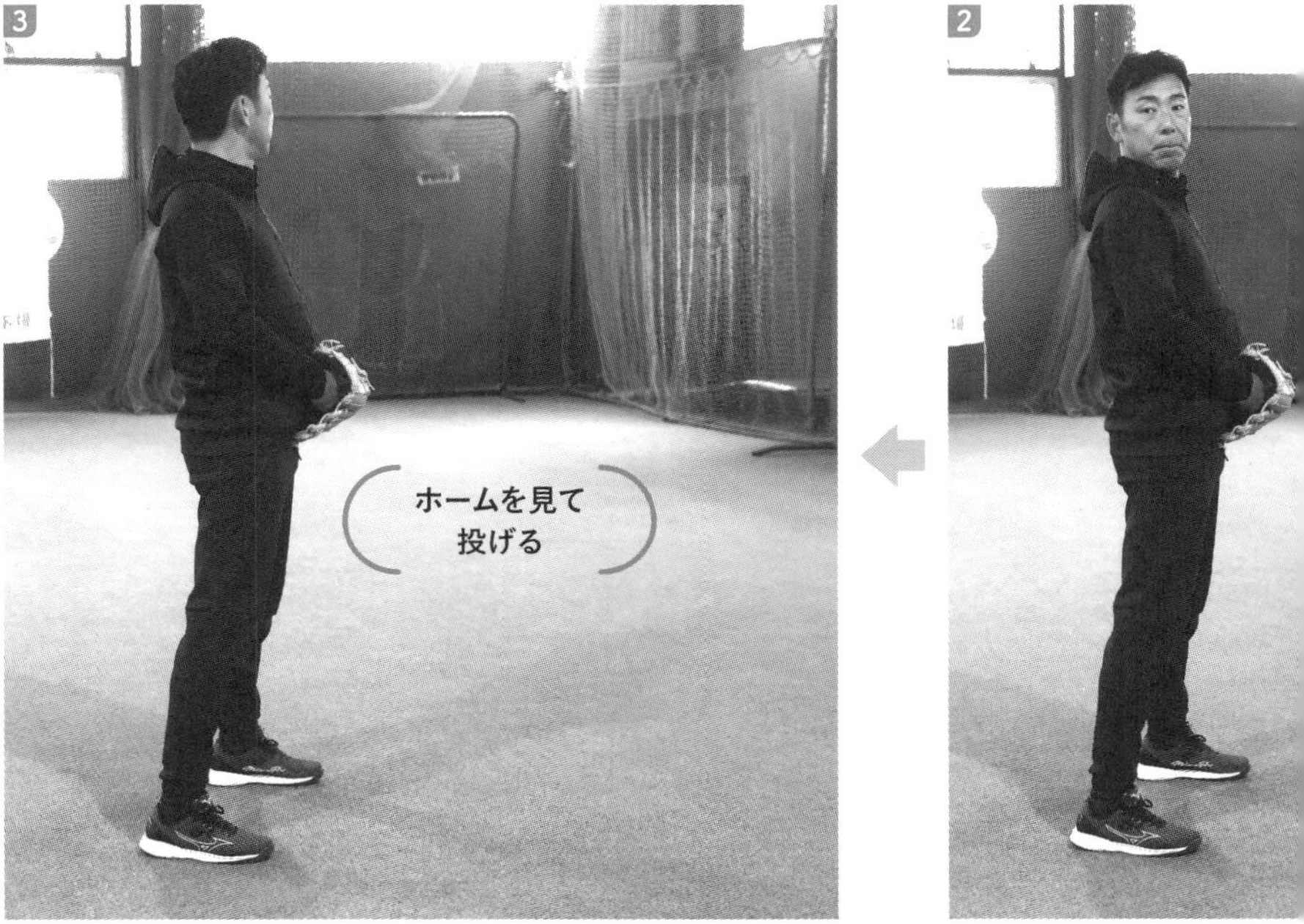

上の写真は「首振り」でもっともポピュラーなパターン。「ホーム→二塁→ホーム」の順に首を振ってそのまま投球する。投手によってこれらの「首振りの傾向」をつかむことでスタートが切りやすくなる

口に出すことによって、より意識が強くなり、チーム全体で共有することもできる。自分が出塁していなくても、ベンチでできることは数多くある。

プロの技をひとつ補足しておくと、右投手の場合は二塁走者からグラブの中の握りが見えることがある。チェンジアップやフォークのような落ちる系のときは、けん制はまずない。三盗をしないにしても、「次の球はワンバウンドの可能性があるな」と察知できれば、ワンバウンドGOへの準備がよりしやすくなる。

PART 3 二塁走者

〔シャッフル〕左足で合わせて打球を判断

あえてスタートを遅らせる

一塁走者のときにも解説したが、シャッフルは左足の着地とインパクトを合わせる（116ページ参照）。大事なことなので、何度でもお伝えしたい。

走者二塁で絶対に避けたいのが、けん制死とライナーゲッツーである。得点圏にいるからこそ、ベンチのムードが沈む。そして、得点圏だからこそ走者の気持ちが前のめりになり、ついつい飛び出しやすい。

ポイントは、左足でインパクトを見る時間をどれだけ長く取れるか（右足は宙に浮いた状態）。練習では、「バットにボールが当たって、打球が前に飛んでから右足を着いてスタート」という意識で構わない。「アウトかなぁ、ヒットかなぁ？」という中途半端な気持ちで走るよりも、「絶対にヒット！」と100パーセント確信できたほうがギアを全開に入れることができる。

MEMO

・二塁走者が絶対に避けなければいけないのがけん制死トライナーゲッツー
・スタートを遅らせることが、むしろ好走塁につながる
・走者でありながら、守備者としての視点を持つ

スタートを遅らせることが、好走塁につながることがわかれば、「左足で合わせる」の意味がより理解できるのではないだろうか。それに、練習では〝遅め〟であっても、試合になればそこに焦りや得点への欲が加わり、タイミングが早くなるものだ。それで、ちょうどいい。

ライナーゲッツーは、一塁よりも二塁にいるほうが、圧倒的に確率が高い。なぜなら、二塁走者は90度すべての打球をカバーしなければならず、右にも左にも気を配る必要があるからだ。

どんな角度の打球がライナーになるか。これは言葉で説明するよりも、実際にセカンドやショートを守ったほうがわかりやすい。私は二遊間を長く守っていたため、インパクトから飛び出た角度を見て、「おれならライナーで捕れる」と瞬時に判断できる感覚があったのだ。**走者でありながらも、守備者としての視点を持ちながら、シャッフルをしていた。**

走塁の判断力を高めるためには、外野手の心理と同時に、内野手の動きを知ることも重要になる。プロ野球で「守備走塁コーチ」という肩書きが多いのも、守備と走塁は常につながっているからであろう。

【シャッフル】三遊間を抜ける打球への判断力を高める

遅めのスタートが好走塁を生み出す

二塁走者の大基本として、「自分の右側に飛んだ打球は自重、左側に飛んだ打球は三塁へ走る」というセオリーがある。ある程度、野球をやってきたプレーヤーであれば、頭ではわかっていることだろう。

そのうえで、もっとも難しい判断になるのが、三遊間を抜けるようなゴロの打球だ。サードやショートがギリギリ届かない三遊間の打球を、瞬時に「抜けた！」と判断して、レフト前ヒットでホームを陥れる。これができる選手は、〝走塁の神様〟と呼んでもいいだろう。

多くの選手はその場で自重して、抜けたのを確認してから三塁に向かう。右側に飛んだ打球に対するセオリーどおりの判断であるが、これは誰でもできることであり、走塁が武器の私と

MEMO
・シャッフルの左足で打球を判断して、遅めにスタートを切る
・打球が通過しそうなところで、右足を着地させて一気にスタートを切る
・「判断を早くしなければいけない」という考えを一旦は忘れたほうがいい

してはまったく面白くない。若い頃は、早めに判断しすぎて、三遊間の深い位置で捕球したショートからサードに送球され、タッチアウトになった苦い経験もある。

こうした経験をしながら、最終的にたどり着いた答えは、「シャッフルの左足で打球を判断して、遅めにスタートを切る」だった。サードの左横を抜けるヒットであれば、まさに打球が通過しそうなところで、右足を着地させて一気にスタートを切る（あらかじめ、ショートの守備位置を確認しておけば、ショートが追い付けないことも予想はつく）。この言葉だけ見たら、「かなり遅いスタート」と感じる人も多いだろう。

たしかに、もう少し早くスタートを切ることはできるかもしれないが、結局、「サードが捕るかも？」と迷う打球になると、スタートしながらも一旦躊躇して、スピードが緩んでしまうのだ。結局、迷った分だけ、スピードに乗り切るまでに時間がかかる。

もうひとつ付け加えると、投手とセカンドの間に飛んだゴロも、判断が難しい。「セカンドゴロ」と思って勢いよくスタートを切るも、投手が捕っていて、二・三塁間の挟殺でアウトに。これも、私の考えでは、スタートのタイミングが早すぎる。おそらく、右足とインパクトを合わせてしまっているのだろう。好走塁をしたければ、「判断を早くしなければいけない」という考えを一旦は忘れたほうがいいだろう。

シャッフルの左足で打球を判断する

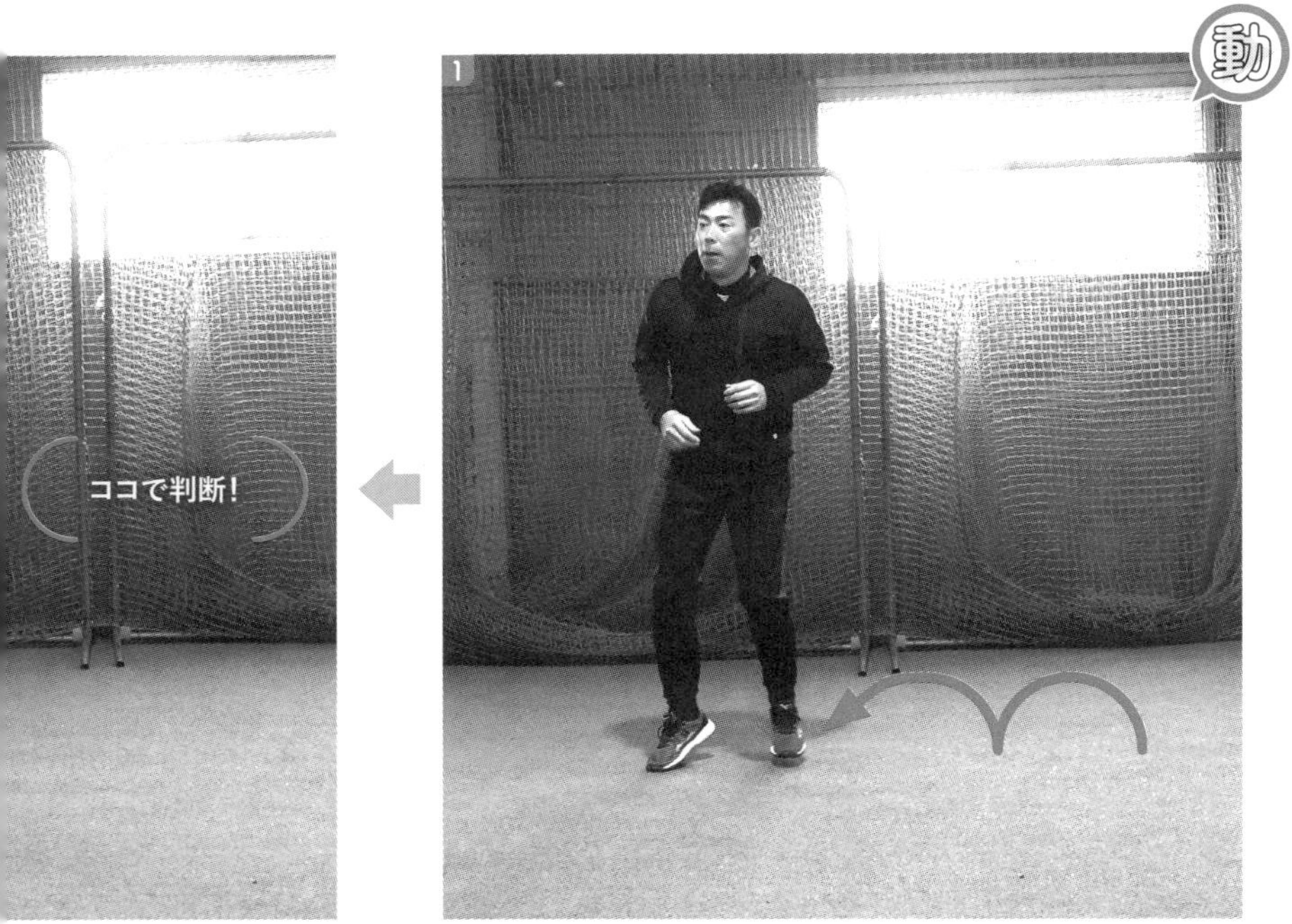

右足で合わせて、早く判断したことが、好走塁につながることももちろんある。ただ、私の経験上、それは年に数回のビッグプレーで、裏にはそれ以上の走塁死があるものだ。「ハイリスク・ハイリターン」と言えるだろう。

ただ、二死ツーストライクの場面だけは別の考え方が必要になる。この状況で、打者がストライクゾーンの球を振りにいった場合には、もう右足に乗り始めて、スタートの準備をしていい。空振りであってもチェンジになるだけなので、走者は関係がない。その分、ワンテンポ早くス

シャッフル時、左足が地面についたタイミングで打球を判断し、進塁、帰塁の判断をする。
スタートは少し遅れるが、そのぶん確実な判断ができて結果的に好走塁につながる

タートが切れる。

一塁・三塁コーチャーは、念を押す意味で、「ツーアウト、ツーストライク」と声やジェスチャーで伝える必要がある。アウトカウント同様に、「わかっているだろう」と思ってしまうことほど危険なことはない。走者からしてみれば、「しつこいよ……」と感じるぐらい、伝え続けなければいけない。

PART 3
二塁走者

【二塁から本塁を狙う】
オンラインよりも後ろにリード

蛇行せずに真っすぐ走る

走塁技術の腕の見せ所となるのが、走者二塁から外野へのヒットでホームを狙うシーンである。「リクエスト制度」が導入されてから、クロスプレーに対するジャッジの正確性が増し、強肩外野手との勝負がより面白くなっている。

130〜133ページで、一次リードの位置について解説したが、セオリーで考えると、「無死＝オンライン上」「一死＝オンラインより一歩後ろに下がる」「二死＝一死よりもさらに一歩後ろに下がる」となる。**二死になれば、三塁までの最短距離のルートを重視するよりも、三塁ベースを回りやすい位置にいるほうが重要になる。**オンラインよりも下がれば下がるほど、ベース直前で膨らむ必要がなくなるため、回りやすい。

という大前提があり、選手ももちろんわかっていることだ。が、不思議なもので、後ろにリー

MEMO

・二死になれば、三塁までの最短距離よりも、三塁ベースを回りやすい位置にいるほうを優先する

・後ろにリードを取っているのなら、そのまま二塁・三塁を結んだラインと並行に走るイメージが◎

ドしている走者の多くが、シャッフルのときからオンライン上に入り込み（バント・盗塁時を除き）、そこからベース手前で膨らみを入れる。わかりやすくいえば、蛇行しているのだ。非常にもったいない（148ページ参照）。三塁コーチャーボックスに立っていると、「その走路だと、後ろにリードしている意味がないよ」と感じる選手がじつに多かった。

後ろにリードを取っているのなら、そのまま二塁・三塁を結んだラインと並行に走るイメージで、三塁ファウルラインに向かってきてほしい（146ページ参照）。仮にオンラインから3メートル後ろにリードをするのなら、その距離を保ったまま走ればいい。この走路を取れれば、三塁ベース前でスピードを緩めずに、小さく鋭くベースを回ることができる。ベースをうまく回れない選手は、ベースを踏むまでの走路を確認したほうがいいだろう。

ベースの踏み方は、左足で二塁側の側面を踏み、左肩を斜め前に少し下げる。二塁打や三塁打のときよりもスピードに乗っているため、より鋭角に体を傾けることもできるはずだ。バイクのコーナーリングと一緒で、スピードが遅いほうが、体を傾けるのが難しい。

二塁→本塁への走路
〜オンラインと並行に走り出す〜

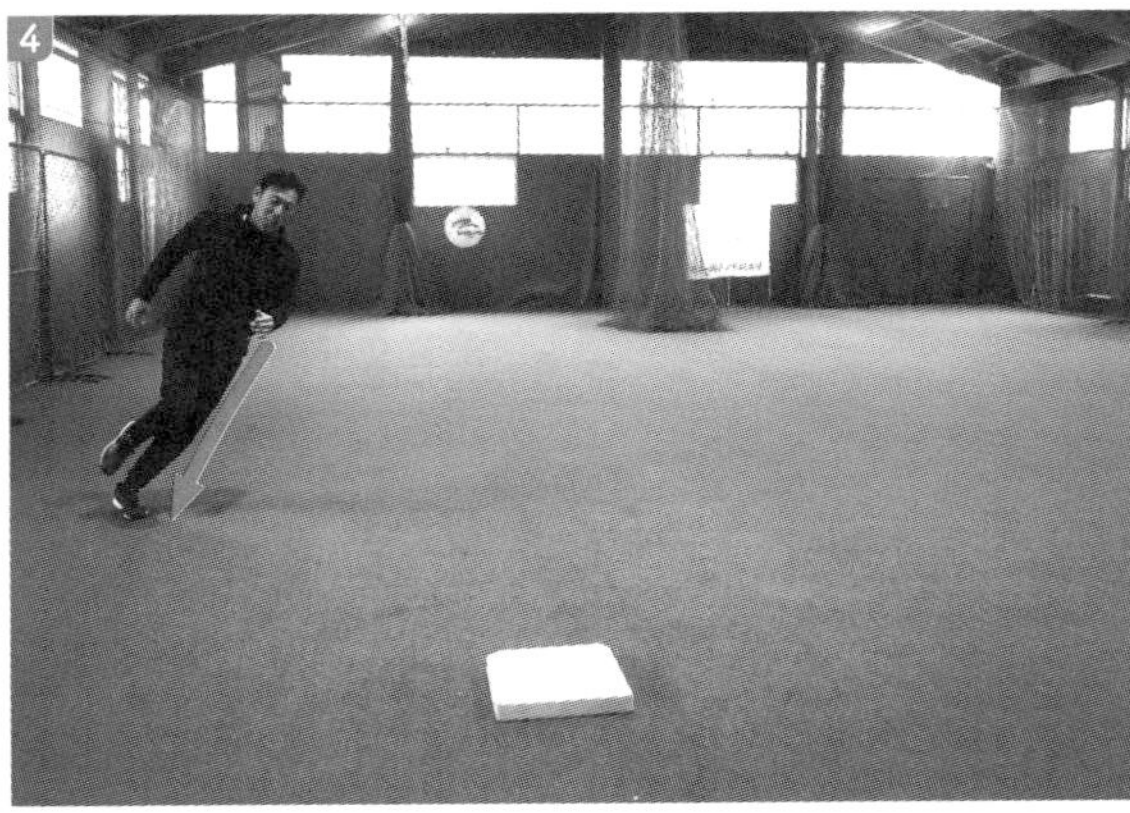

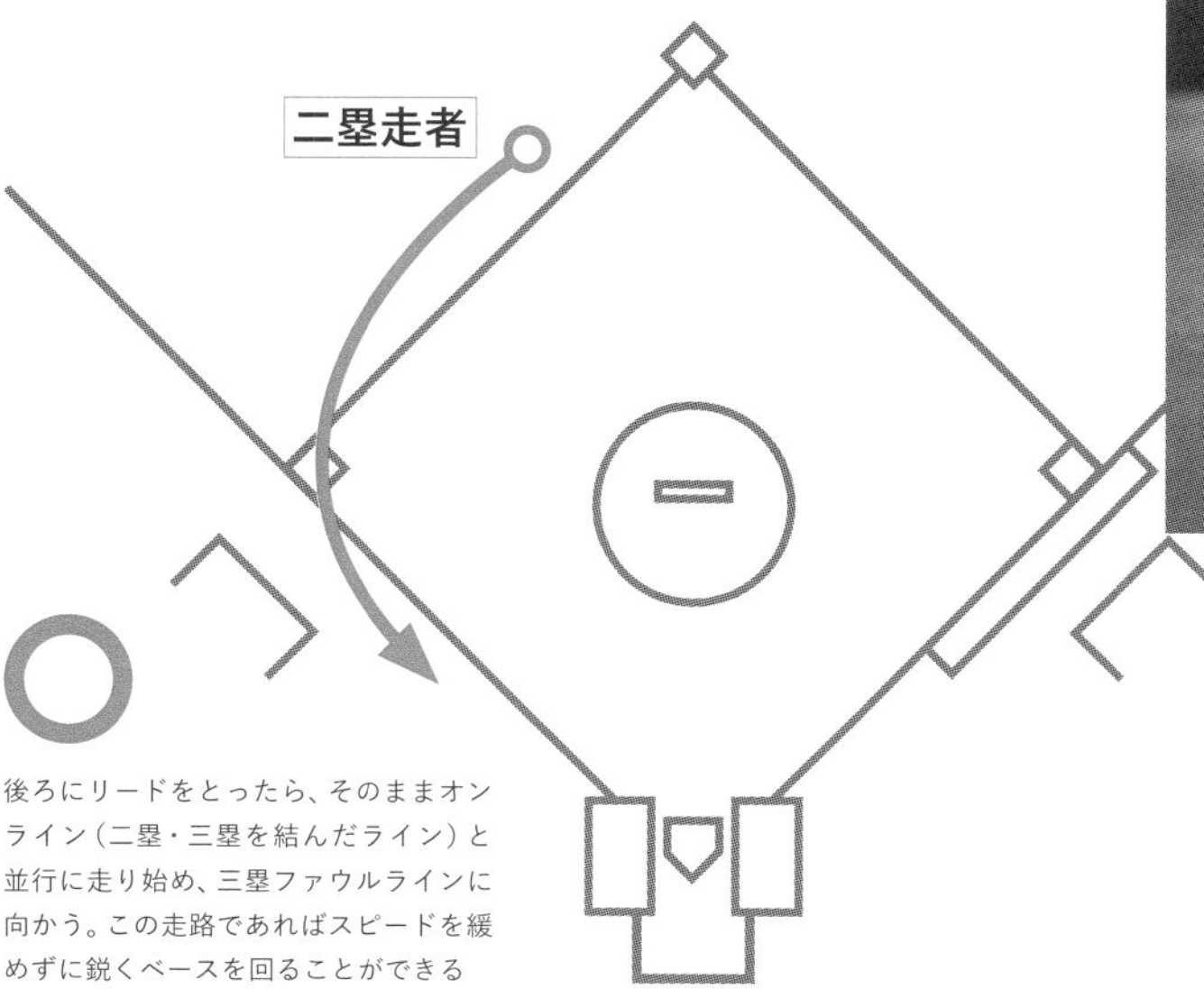

○

後ろにリードをとったら、そのままオンライン（二塁・三塁を結んだライン）と並行に走り始め、三塁ファウルラインに向かう。この走路であればスピードを緩めずに鋭くベースを回ることができる

二塁→本塁への走路
～蛇行してしまう例～

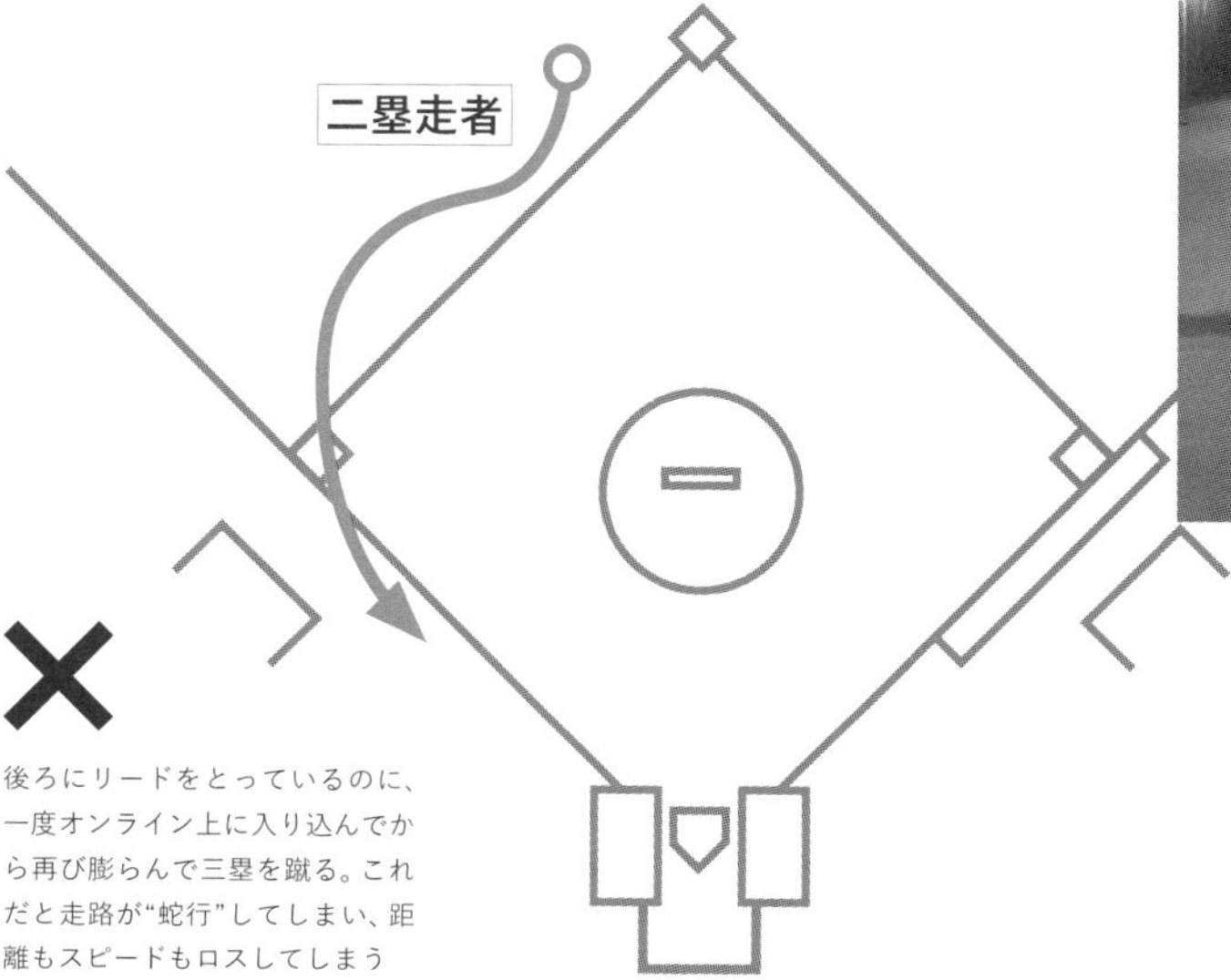

×

後ろにリードをとっているのに、一度オンライン上に入り込んでから再び膨らんで三塁を蹴る。これだと走路が"蛇行"してしまい、距離もスピードもロスしてしまう

PART 3 二塁走者

［二塁から本塁を狙う］外野奥のフライへの判断力を磨く

タッチアップよりもハーフウェイを優先する

外野の奥に、捕れるか捕れないかギリギリのフライが飛んだ場合、「無死＝タッチアップ」「一死＝ハーフウェイ」という一般的なセオリーが存在する。無死からであれば、フライを捕られたとしても一死三塁を作ることができるが、一死からのタッチアップで二死三塁を作ったところで得点にはさほどつながらない、という考えが根底にある。

たしかにそのとおりではあるのだが……、一死からタッチアップの体勢を取ったために、外野の頭を越えた打球にもかかわらず、二塁走者が三塁で止まってしまうシーンを何度か目にしたことがあるはずだ。私の考えは、「ノーアウトもワンアウトもハーフウェイでいい」。特に風が強い日は、何が起きるかわからないため、絶対にハーフウェイ。仮に、フェンス前で捕球さ

MEMO
・二塁走者で外野に深いフライが上がった場合はノーアウトもワンアウトもハーフウェイでいい
・フェンス前で捕球された打球であれば、
ハーフウェイからベースにリタッチしても、タッチアップは狙える

れた打球であれば、ハーフウェイからベースにリタッチしても、タッチアップは狙えるはずである。

念のため記しておくが、ここでのハーフウェイは、「塁間の半分（中間地点）」ではなく、「二塁にも三塁にもどちらに行ける心構え」との意味になる。

外野が捕るかどうかの判断はなかなか難しく、野手の追い方（足が止まりかけているかどうか）やボールとの距離を見て、考えていくしかない。一番困るのが、外野手の頭上を越える打球にもかかわらず、落下地点に入ったふりをして、走者を欺いてくることだ。走者は、ボールだけではなく、野手の動きも視界に入っているため、フェイクに惑わされてしまう。「勘弁してよ……」と思うが、外野手からすれば、「してやったり」のプレーと言えるだろう。

判断力を研ぎ澄ます面白い練習を、ひとつ提案したい。二塁ベースを使って、打球判断の練習をしているときに、「カン！」と外野に上がったフライに対して、前を向いた体勢のまま、「どこまで飛んだ？」と判断させるのだ。「フェンス直撃です」という答えであれば、さらに突っ込んで、「フェンスのどのあたりに当たった？」と聞いてみる。遊び感覚で取り入れてみてほしい。

PART 3 二塁走者

［二塁から本塁を狙う］

ポテンヒットに対する判断力を磨く

失敗を繰り返すことでうまくなる

内外野の間に落ちるポテンヒットを的確に判断できるようになれば、走塁に関してはかなりの上級者と言っていいだろう。それぐらい、ポテンヒットの判断は難しい。

ハーフウェイで打球を待ち、「落ちてからGO」でも構わないのだが、これで満足しているうちは一向に走塁はうまくならない。もしかしたら、本塁まで帰って来られたのに、自重したがために三塁でストップすることにもなる。

私自身は、ポテンヒットの判断を得意にしていた。野手の追い方や脚力、ボールまでの距離などを瞬時に判断して、「これは落ちる」と感覚的にわかるところがあった。これもまた、セカンド・ショート・外野を自分で守った経験があることも生きているように思う。フライを捕られてダブルプレーになった……という苦い思い出は記憶の中ではない。

コーチ時代、若い選手には「自分の心に素直に従ってみたらどう?」と伝えていた。どういう意味かというと、ハーフウェイで打球を見ながらも、「この感じだと、落ちるんじゃないかな。このタイミングでもうスタート切れるんじゃないかな」と思うことが、何度かあるものだ。言葉でうまく説明ができなくても、その感覚は意外に当たっていることが多く、打球が落ちたあとに、「あぁ、やっぱり落ちた……。ホームに行けたな」と悔やむ。

さすがにいきなり公式戦でチャレンジするのは難しいので、紅白戦や練習試合で試してみる。腹を括って、スタートを切ってみてほしい。ひとつでも成功できれば、「今の判断でいいんだ」と体でわかってくるものだ。それをひとつずつ積み重ねていけばいい。

指導者として気を付けてほしいのは、仮に判断ミスにつながったとしても、絶対に怒らないこと。怒った瞬間に、「じゃあもう全部ハーフウェイでいいや」とチャレンジしなくなるのが、今の若い世代の特徴でもある。ミスを怖がってしまう。怒るのではなく、「今の打球を見て、どこで行けると判断したか」を問いかけて、考えさせる習慣を付けてあげてほしい。

なお、守備側の対応に関しては、セカンド・ショート・センターの間に上がったフライは、後ろから走り込むセンターのほうが捕りやすいため、優先権は外野手にあるのが一般的だ。た

MEMO
・ポテンヒットを的確に判断できるようになれば上級者
・迷ったときは自分の心に素直に従ってみる
・紅白戦や練習試合で腹を括ったスタートを実践する

だし、アゲインストの風が吹いていれば、内野手のほうが捕りやすいこともあるので、決して そのかぎりではない。

守備側として大事にしてほしいのは、声のかけ方である。フライを追った3人が「OK!」と声を出してしまうと、誰が捕るのかわからなくなってしまう。中日時代に徹底していたのは、「捕る選手だけが声を出す」「捕らない選手は一切声を出さない」。たまに、「任せた!」と声を出す選手もいるが、これも禁止。特に内野手からすると、後ろから「任せた!」が聞こえるとビクッとしてしまうのだ。どれだけの大観衆でも、選手が近い距離にいれば、グラウンドでも声は聞こえてくるものだ。

風が強い屋外球場のときは、特に難しい。誰かにすぐに任せずにフライから目を離さないのが鉄則と言える。走者側の視点に立てば、高いフライになるほど、「落ちる可能性が高い」と考えて準備をしておいたほうがいいだろう。

〔二塁から本塁を狙う〕クロスプレーは足よりもヘッドのほうが速い

ホームベースの一角を手で払う

「荒木雅博＝ヘッドスライディング」と言われるぐらい、本塁がクロスプレーになるときは、頭から滑ることが多かった。「足よりもヘッドのほうがタッチをされにくい」という確信があったためだ。

私のヘッドスライディングは非常に特殊で、スーパーマンのように宙に浮いている時間が長い。その浮いた時間で、ホームベースのどこが空いているかを探している。基本的に捕手はベースの前で捕りたがる習性があるため、ホームベースの後ろ側は空きやすく、特に五角形の頂点付近が狙い目。上体はホームベースを飛び越えながらも、左手だけでベースの一角を触ること

MEMO
・本塁クロスプレーは足よりもヘッドのほうがタッチをされにくい
・ホームベースの後ろ側は空きやすく、特に五角形の頂点付近が狙い目

もあった（157ページ参照）。

現役時代、三塁コーチャーによく言われていたのは、「お前の場合は、無理なタイミングでも回していた」。自分でも、「いや、これは無理でしょう……」と思うことがあったが、ヘッドスライディングであれば何とかなるものである。

捕手にしてみれば、タッチする場所が走者の左手しかなく、しかもスピードに乗っているため一瞬の時間しかない。足で滑る場合は、おおよそどこに突っ込むかがわかるため、タッチの準備もしやすいのではないだろうか（セーフのタイミングの場合は、足からのストレートスライディングでももちろん構わない）。

ただし、ヘッドスライディングそのものは強くはおすすめできない。体への負担が大きく、特に私のように跳ぶタイプの選手は衝撃が大きい。とはいえ、ギリギリのタイミングのときは、それしか選択肢がないこともあるのだが。

今はコリジョンルールが厳格になっているため、捕手が本塁を完全にふさぐことはほぼない。足からのスライディングで本塁を通り越して、左手でサッと一角を払うやり方もありだろう。右足を伸ばすスライディングのほうが、これをやりやすい。

ホームベースの一角を狙う

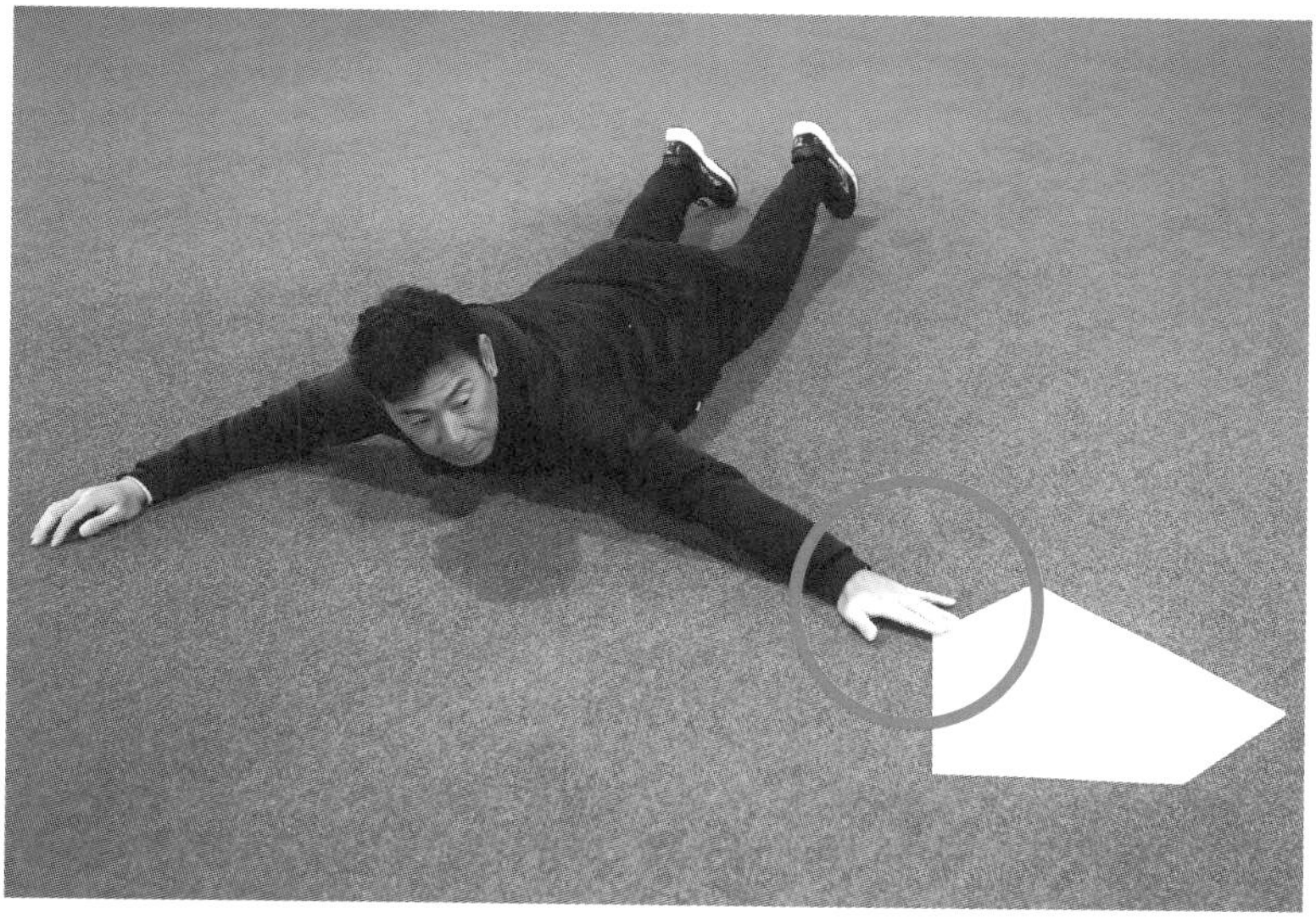

本塁クロスプレー時にはヘッドスライディングのほうがタッチをかいくぐりやすい。ベースタッチはキャッチャーから遠い角が狙い目。特に五角形の頂点はタッチされにくく（写真下）、上体はホームベースを飛び越えながらも、左手だけでベースの一角を触ることケースもある

PART 3 二塁走者

［三塁コーチャー］本塁への突入はコーチャーに任せる

相手を油断させるための秘策

三塁を回るかどうかの判断は、三塁コーチャーにすべてを任せる。「これは無理かな」と思っても、コーチャーが腕をぐるぐる回していたら、それを信じて回る（もしかしたら、外野手がファンブルをしている可能性もある）。

走者二塁時の三塁コーチャーの基本的な立ち位置は、打者に近い側。ここに立つことで、二塁走者の動きと外野手の動きを一度に見ることができる。ストップの場合は三塁ベースに近付いていき、大きなジェスチャーで止める。三塁コーチャーのスペシャリスト・高代延博さんが、地面に這いつくばりながら止めていたことがあったが、走者としては非常にわかりやすい動きだろう。さすがに私はやったことはないが……。

私がずっと考えていたのは、「コーチャーの後ろ側を回って、ホームを狙わせる」という秘策である。

走者二塁で、前進守備の外野手の正面に強いゴロが飛んだことをイメージしてほしい。状況にもよるが、二塁走者の足が速くないかぎりはストップとなる場面だ。コーチャーは三塁ファウルラインに近付いていきながら、「ストップ」の合図を送る。しかし、これはカモフラージュで、二塁走者はこのコーチャーの背中側を回って本塁を狙いに行く（図9参照）。

外野手は、走者の動きとともにコーチャーのジェスチャーもよく見ている。「止まれ」を出していたら、本能的に捕球から送球までの動きが遅くなるものだ。その感覚で打球を捕って、顔を上げる間に、走者は3〜4メートルは本塁に近付いているだろう。慌てて送球しようとしても、時すでに遅い。

ルールの中で認められた「駆け引き」である。もし、現場に復帰することがあれば、公式戦で一度は決めてみたい。単なるスピード勝負だけではないところが、走塁の面白いところと言えるだろう。

もうひとつ、ホームコーチャーについても触れておきたい。目立たない役割であるが、走者にスライディングの方向を知らせる大事な役割を担っている。得点圏に走者が進んだときは、

MEMO
・三塁を回るかどうかの判断は、三塁コーチャーにすべてを任せる
・「コーチャーの後ろ側を回って、ホームを狙わせる」という秘策も試してみたい
・ホームコーチャーも目立たないが大事な役割

その準備をしておく必要がある。

センターやレフトからの送球は、何となく視界に入ってくるので走者自身で判断することができるが、背中側からくるレフトからの送球はまったく見えない。三塁側に逸れていれば、ホームベースの一塁側にスペースができるため、「(走者から見て)左に滑れ!」とジェスチャーで示す。このジェスチャーがないと、捕手がいる方向にわざわざ突っ込んでしまうことがあるのだ。

ホームコーチャーがうまかったのが、チームメイトの森野将彦である。ときには、ジャッジをする球審よりも前に出て、「こっちに滑れ!」と示してくれていた。さらに、「セーフ!」と自らジャッジしているときもあった。さすがは『野球小僧』であるが、さすがに、球審の前に立つのはおすすめできない……。

［図9］一度は試してみたい“秘策”

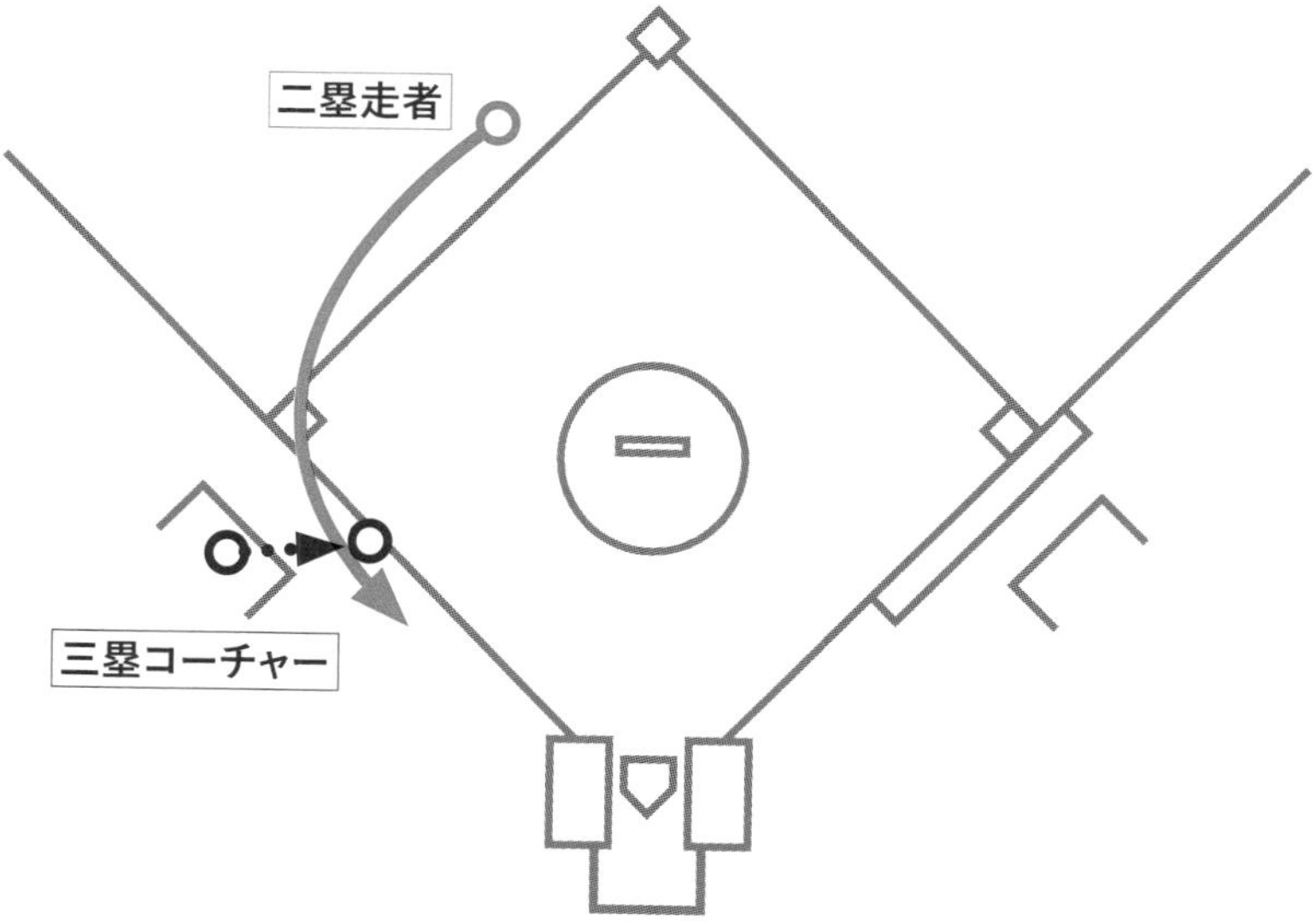

走者二塁で、前進守備の外野手の正面に強いゴロが飛ぶと、ほとんどのケースが二塁走者はストップとなる。そこで、コーチャーは三塁ファウルラインに近付いていきながら、「ストップ」の合図を送る。しかし、これはカモフラージュで、二塁走者はこのコーチャーの背中側を回って本塁を狙いに行く。外野手はコーチャーのジェスチャーを見て油断するため、本塁生還の確立がグッと上がる。一度は試してみたい“秘策”だ

ホームコーチャーのジェスチャー

センターやレフトからの送球は、走者自身で判断することができるが、背中側からくるレフトからの送球はまったく見えない。そんなときはホームコーチャーがどちらにスペースが空いているかを走者に指示する必要がある。っとえば送球が一塁側に逸れたらホームベースの三塁側にスペースができるため、「(走者から見て) 右に滑れ！」とジェスチャーで示す必要がある

PART 4 三塁走者

PART 4 三塁走者

［リード］サードとの距離感が重要

打者のタイプでリード位置は変わる

「打者走者」から始まり、「一塁」「二塁」とベースをひとつずつ進み、各塁のポイントを解説してきた。最後は本塁にもっとも近い、「三塁」の解説で締めとしたい。

まずはベース上でサインを見て、守備陣の位置取りを確認する。一塁や二塁は外野手のポジショニングがチェックポイントであったが、三塁の場合は外野手に加えて、内野手の位置も頭に入れておく必要がある。「1点OK」でショート、セカンドが後ろに引いているのであれば、この方向のゴロは無条件でスタートを切る。事前に頭を整理し、打球が飛んでから慌てないようにしておきたい。

リード幅は、サードの守備位置によって変わる。プロの場合、サードがベースに着いていることはまずない。サードと三塁ベースの距離が3メートルであれば、三塁走者も三塁ベースか

MEMO

・三塁走者は外野手に加えて、内野手の位置も頭に入れておく
・リード幅は、サードの守備位置によって変わる
・リード位置はオンライン上を避け、打者のタイプによって変える

ら3メートル出ることができる。サードがベースに入らなければ、けん制を投げることはできないため、仮に5メートル離れているのなら、5メートルまで出てもいい。二塁のときと同様に、歩きながらで構わない。

三塁コーチャーボックスの横幅がおよそ6メートルになるので、ひとつの目安にしてもいいだろう。時折、サインプレーでサードがベースに走り込むけん制があるが、「悪送球＝即1点」だけに守備側もそこまでのリスクは負いづらい。

どこに位置取りするかはさまざまな考え方がある。セオリーとしては、**三本間のオンライン上だけは避けておきたい。**フェアゾーンで打球が体に当たると守備妨害を取られてしまうからだ。右打者が強く引っ張った打球を瞬時に避けるのは、相当難易度が高いうえにケガのリスクもある。そこを考慮すると、わざわざオンライン上にリードする必要はないと言えるだろう。

私はカチッと決めていたわけではないが、左打者のときはオンラインの近くで（167ページ参照）、右のプルヒッターのときは打球が怖いためにファウルラインから3～4メートルほど下がることもあった（166ページ参照）。特に、タイロン・ウッズが打席にいたときは相当下がっていた記憶がある。そもそも、ウッズのときは「ゴロGO」のサインもめったに出ないため、外野への飛球に備えていた。

打者のタイプ別・三塁走者のリード位置

左打者の場合は、ファウルラインの近くでリードする

1

2

右のプルヒッターの場合は、ファウルラインから3～4メートル下がった位置でリードする

PART 4 三塁走者

［シャッフル］重要な二次リードの距離

一次リードの幅から逆算する

三塁の場合は、一次リード以上に二次リード（シャッフル）が重要になる。サードの守備位置でリード幅が変わることによって、二次リードで出すぎてしまう危険があるのだ。3メートルと5メートルのリード幅から、同じ歩幅で二次リードを取ると、5メートルのときはあきらかに出すぎることになる。5メートルも出ているのなら、二次リードは1～2歩で十分だろう。

一塁でも同じことを解説したが、最初の一次リードでセーフティリードの幅を決めている選手であっても、二次リードになると曖昧になることが多い。ここは意外な盲点なのかもしれない。レベルの高い捕手になるほど、アウトコースに少しボール球を投げさせて、捕手から三塁へのピックオフプレーを狙ってくる。三塁走者の走塁死は、ベンチのムードを一気に下げるの

MEMO
・三塁走者は二次リードで出すぎてしまう危険があるので要注意！
・自分の脚力に適した二次リードの幅を定めておく

で、自分の脚力に適した二次リードの幅を定めておきたい（170ページ参照）。

二次リードでは、ライン方向に切り込んでいくイメージになるが、すべてがこの走路ではない。たとえば、満塁時の内野ゴロであれば、本塁は確実にフォースプレーになるため、最短距離で走ることが最優先となり、最後はストレートスライディング一択である。

これが、一死三塁でタッチプレーが想定される状況になると、また考え方は変わる。仮に、ファウルラインから2メートル下がったところでリードしていた場合、その距離感を保ったまま本塁に突入すると、ホームベースの五角形の頂点付近を左手で触りやすくなる。つまりは、「タッチをかいくぐりやすい」ということだ。

「本塁まで最短距離で走れる位置にリードを取る」という考えは、もちろん間違っていない。三塁走者の基本とも言えるだろう。その一方で、「状況によっては、考え方はひとつではない」と捉えることもできる。

二次リードの取り方

一次リードからシャッフルで二次リードを取る。一次リードでどのくらいリード幅を取っているかを頭に入れておき、逆算して二次リードの幅を決める

PART 4
三塁走者

［シャッフル］目線の切り替えを大切に

軸足のつまさきの角度に注意

一塁、二塁との大きな違いは、胸の向きを変えなければ、両目で打者のインパクトが見えないところにある。一塁走者も二塁走者も、投手を視界に入れながら打者を見ることができるが、三塁走者の角度ではそれが難しい。

そこで、重要になるのが目線の切り替えだ。投球モーションを見て、三塁けん制がないと確信したところで、目線を打者のほうに合わせていく。ここで多くの走者は頭（顔）を振って目線を切り替えようとするのだが、こうなると体のブレが大きくなり、ライナーで戻り切れない原因にもなる。

私の場合は、できるかぎり黒目で追うように心がけていた（もちろん、顔も多少は動く）。バッティングにも同じことが言えるが、顔でボールを追うと体がぶれて、モノの見え方が変わって

MEMO
・三塁走者は特に投手から打者への目線の切り替えが重要
・二次リード時、右足つまさきは本塁、左足つまさきはフェアゾーンに向ける

しまう。「どう見るか」を深く追求することが、パフォーマンスを上げることにもつながっていくはずだ。

一次リードからのシャッフルは、この目の使い方を実践したうえでの話となる。

中日のコーチ時代、選手たちには、「三塁のシャッフルは、スタートのためのきっかけ作り。歩いて出てもいいから」と伝えていた。「静から動」ではなく、「動から動」のスタートを実現するために、足をどう動かすかがカギになる。私は本塁に胸を向けてから、右・左・右・左（着地で判断）・右のリズムを大事にしていた。

すべての塁に共通することだが、進塁も帰塁も可能な体勢で二次リードを取りたい。三塁の場合は、胸を本塁に向ける必要があるため、三塁ベースが体の後ろ側にある。注意すべきことは、つまさきの向きであり、右足はスタートの準備のために本塁に向けてもいいが、左足のつまさきはフェアゾーンに向けておきたい（174ページ参照）。左足まで本塁に向けてしまうと、「進塁100パーセント」の体勢となり、捕手からの送球に対応しづらくなる。

二次リードの際のつまさきの向き

写真上は左足のつま先がフェアゾーンを向いているので帰塁の体勢にも入りやすい。写真下は左右のつまさきが本塁に向いているため、本塁へのスタートが切りやすい反面、帰塁時にロスが生まれてしまう

〔シャッフル〕左足で合わせる鉄則は変わらず

右足の着地に工夫を加える

歩きに近い動きでシャッフルを入れたとしても、左足の着地とインパクトを合わせる鉄則は変わらない。右足で合わせてしまうと、ライナーが飛んだときに戻るのは難しい。究極は、強い三塁ライナーに対しても、瞬時に帰塁できること。さすがに、三塁ベース上に飛んだときは、「仕方がない……」と思いたいが、それでも極力戻れる準備をしておきたい。

状況によっては、ライナーゲッツーを最大限にケアするリードの取り方がある。1点ビハインドの終盤、無死三塁の場面であれば、一次リードの距離は1メートルでいい。そこからのシャッフルも1〜2歩で十分。この場面で絶対に避けるべきはライナーゲッツーであり、ホームへの突入よりも、ライナーバックを優先的に考える。一死になるとゴロGOが必要になるた

PART 1 打者走者
PART 2 一塁走者
PART 3 二塁走者
PART 4 三塁走者

MEMO
・無死三塁であれば帰塁に重きを置く
・投手の持ち球や捕手の構えからある程度の予測を立てる
・シャッフルでは右足のかかとから接地し、つまさきを着地する時間を使って、打球を判断する

め考え方が変わってくるが、無死であれば帰塁に重きを置いておく。

三塁走者の場合は、右足の着地に工夫を凝らすことで、より判断力を高めることができる。左足で合わせながら、右足のかかとでさらに探りを入れていく。かかとから接地し、つまさきを着地する時間を使って、打球を判断する（177ページ参照）。ベンチから「ギャンブルスタート」の指示が出ているときは、左足合わせよりもひとつ先のタイミングで合わせられると、ドンピシャで走ることができる。

また、捕手が足を開いて重心を落としたときには「フォーク系の落ちる球」、右対右で追い込んでから外に寄ったときは「スライダー系」など、投手の持ち球からある程度の予測を立てることが可能だ。というよりも、予測をして、準備をしなければいけない。「次の球はワンバウンドになる可能性がある」と考えることができれば、捕手が弾いたときの一歩目の反応も変わってくるはず。

そもそも、走者が三塁にいるときには、バッテリーは変化球がワンバウンドになるのを本能的に嫌うものだ。三塁走者が「ちょっとでも弾いたらホームを狙いますよ」というプレッシャーをかけておくことで、変化球がわずかに浮くこともある。本塁にもっとも近い三塁走者だけに、ただリードを取っているだけではもったいない。

かかと接地で打球判断の時間を作る

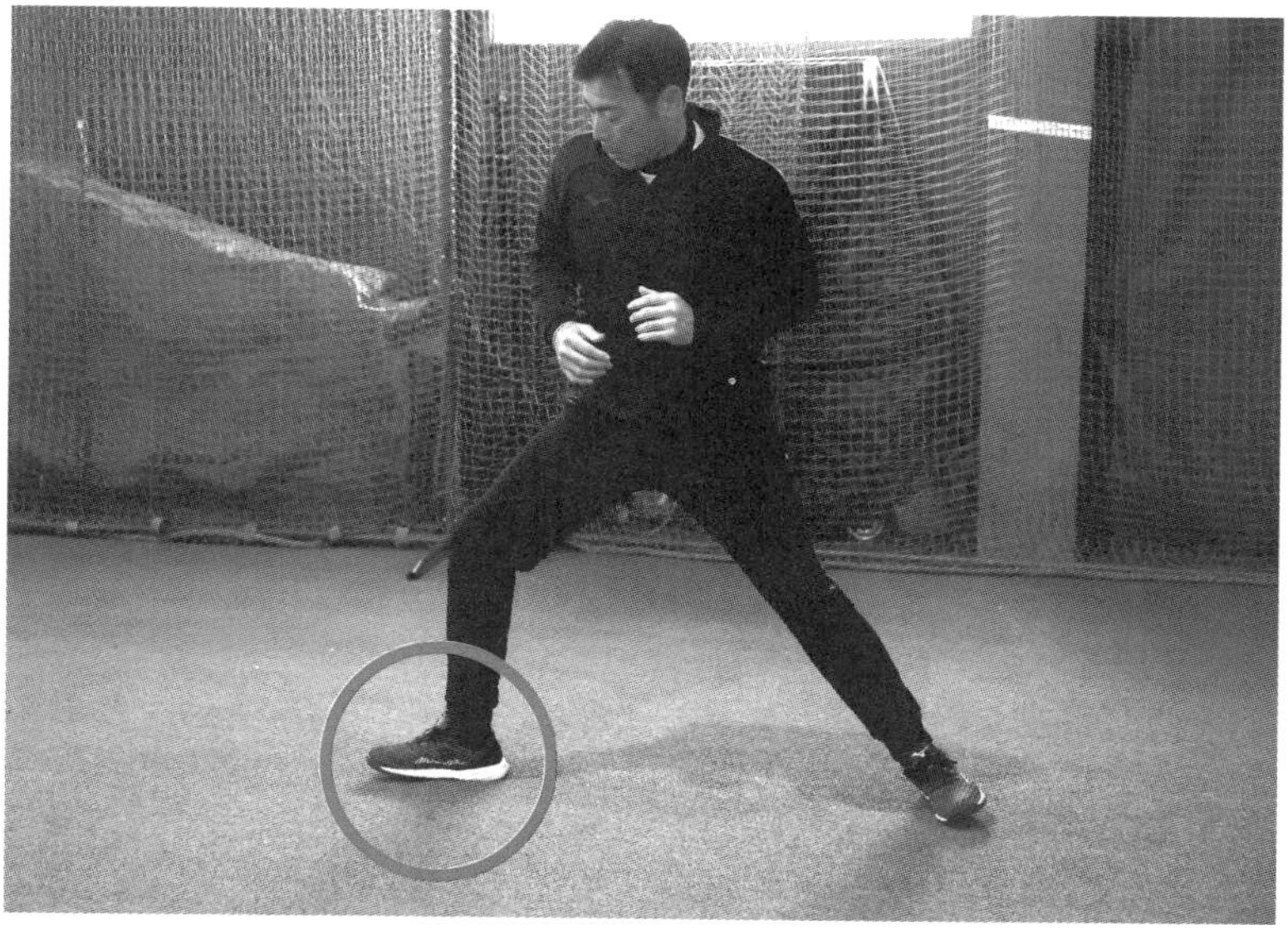

シャッフルの左足に打インパクトを合わせ、右足をかかとから着地させることでつまさきが接地するまでの時間を確保し、その間に進塁か帰塁か判断する

PART 4 三塁走者

［タッチアップ］三塁ベースを道具として活用する

一度はやりたかった幻のスタート術

無死や一死で外野に打球が上がったときは、「抜けたかな？」と思っても、必ず一旦はベースに戻り、タッチアップの準備をする。特に強いライナーのときに、反射的に飛び出してしまうことがあるが、「抜けてからGO」でも余裕で本塁に還ることができる。打球に角度が付いたときには、一歩でもいいので戻る習慣を付けておきたい（「ゴロGO」のサインのときは別）。

外野フライのときは、打球の位置や外野の肩、自分自身の脚力、得点差、打順、アウトカウントなどを総合的に判断して、タッチアップを狙う。仮に、一死三塁で八番打者が浅めの外野フライを打ち上げたとする。九番には、打撃はそれほど期待できない打者が入っている。そうなれば、「多少無理をしてでも、本塁を狙う場面」と考えることができる。

タッチアップのスタートは左足をベースに着いた体勢で、捕球のタイミングと合わせるため

MEMO
・無死や一死で外野に打球が上がったときは、必ず一旦はベースに戻り、タッチアップの準備をする
・タッチアップは左足でベースをしっかりと蹴ってスタートを切ることだ。
右足を宙に浮かせてから落とすようにすると、「動から動」にもなりやすい

に、「静から動」になりやすい。どうにかして、「動から動」にできないか……。現役中、ずっと考えていたことだった。

あるときに思い付いたのが、三塁ファウルラインの奥（外野寄り）まで下がり、助走を付ける形で後ろから走り込むやり方だった。外野手の捕球とベースを踏むタイミングがぴったりと合えば、従来のやり方よりも絶対に速い。が、念のために審判に確認したところ、「ベースから離れるのはダメ」と認めてもらえなかった。たしかに、このやり方がオッケーであれば、すでに試している人はいるだろう。

ならば……と、次に考えたのが、右足で三塁ベースの本塁側を踏み、左足を外野側に置く方法だった（180ページ上参照）。捕球直前のタイミングで先に動き出すことで、「動から動」のスタートになるのではないか。これはルール上でもオッケーだったが、動き出しのタイミングが難しく、公式戦で使うことはできなかった。そもそも、タッチアップでギリギリのクロスプレーは少ない……。

結局、左足をベースに置く一般的なやり方に落ち着いた。意識していたのは、左足でベースをしっかりと蹴ってスタートを切ることだ。イメージは、陸上のスターティングブロック。右足を宙に浮かせてから落とすようにすると、「動から動」になりやすい（180ページ下参照）。

タッチアップ時のスタート

タッチアップ・幻のスタート術

左足でベースをしっかりと蹴ってスタートを切る。イメージは、陸上のスターティングブロック。右足を宙に浮かせてから落とすようにすると、「動から動」になりやすい

右足で三塁ベースの本塁側を踏み、左足を外野側に置く方法。捕球直前のタイミングで先に動き出すことで、「動から動」のスタートになりそうだが、公式戦で使える機会はなかった

PART 4 三塁走者

［走者三塁、内野ゴロ］三塁走者は時間を稼ぐ

守備側は足が速い野手にボールを渡す

前進守備の内野ゴロで本塁が明らかにアウトのタイミングのときは、そのまま突っ込むのではなく、挟殺に持ち込まなくてはならない。26ページで記したとおり、挟殺で時間を稼ぐことによって、打者走者を二塁にまで行かせることが、三塁走者の大事な役割となる。

時間を稼ぐために第一に考えるべきことは、「内野手にホームに投げさせる」だ。そのためには、本塁方向に走っていき、塁間の半分あたりでブレーキをかける。あまりに本塁側に行きすぎると、内野手→捕手→タッチアウトでプレーが終わってしまうので、これだけは絶対に避けたい。本塁との距離感が、非常に重要になる。

塁間の真ん中あたりで挟殺が始まってくれれば、次に三塁側に逃げることで、捕手からサードへの送球が入り、もうひとつ時間を稼ぐことができる。内野手→捕手→サード→捕手→タッッ

MEMO
・本塁が明らかにアウトのタイミングのときは、挟殺に持ち込む
・「内野手にホームに投げさせる」ことを第一に考える
・内野手→捕手→サード→捕手→タッチアウトまで粘ることができれば、時間稼ぎは十分

チアウトまで粘ることができれば、十分だろう。送球の回数が増えるほど、守備側にもミスが起きやすくなる。

守備側の視点に立つと、できるかぎり短い時間で走者をアウトにしたい。昔から、「本塁から遠いところに走者を追い込み、アウトにする」とのセオリーがあるが、確かにその方が安全である。本塁側でミスが起きると即失点となるが、三塁側でのミスであれば、走者が三塁に生き残るだけで即失点とはなりにくい。

このセオリーを踏まえたうえで、現役時代に実践していたのは、「足が速い野手にボールを渡し、ランナーを追いかける」というとてもシンプルなものだ。一、二塁間の挟殺であれば、スピードのある私がボールを持って、追いかける。タイロン・ウッズが追いかけるよりも速いことは、誰でもわかることだろう。

もうひとつ、気を付けてほしいのは、「投手は挟殺プレーに極力入れない」。投手は走りながら短い距離を投げることに慣れていないため、悪送球を放るリスクが高い。三本間の挟殺では、投手をできるかぎり入れずにアウトを取りたい。

【走者一、三塁】対左投手限定の「フォースボーク」

一塁走者が囮になって1点をもぎ取る

走者一、三塁からのダブルスチールはいわば正攻法であるが、通称「フォースボーク」と呼ばれる、変則的なダブルスチールが存在する。2023年6月の日本ハム戦で、新庄剛志監督に見事に決められて、非常に悔しい思いをした。

二死一、三塁でマウンドには左の小笠原慎之介。打者は江越大賀選手。セットポジション中に一塁走者がフッとスタートを切ったのを見て、小笠原が一塁にけん制を入れると、その時間を突いて、三塁走者の万波中正選手に本塁を陥れられた（⑩参照）。

ベンチで見ていた私は、「ここでフォースボークを狙われたら、絶対にセーフになる」と予感めいたものがあった。常に、「どうすれば得点が取れるか」の視点で試合を見ているのだが、その中で導き出されたのがフォースボークだったのだ。その直後に仕掛けてきたので、さすが

MEMO

・走者一、三塁では通称「フォースボーク」と呼ばれる、変則的なダブルスチールが存在する
・走者側のポイントは、セットポジションの段階で、一塁走者よりも三塁走者が先に動き出すこと

は新庄監督である。やられた側のコーチとしては、感心している場合ではないのだが……。

走者側のポイントは、セットポジションの段階で、一塁走者よりも三塁走者が先に動き出すことにある。一次リードからシャッフルを一歩入れたのを合図に、一塁走者が走り出し、けん制球をもらう。**けん制を見てから、三塁走者がスタートを切るようでは、本塁は間に合わない**だろう。

じつは、ファームのコーチをしていたときに、フォースボークのサインを自ら出して、決めたことがある。何の縁か、相手は日本ハムで、投手はのちにトレードで中日に入ることになる左腕・齋藤綱記だった。齋藤は一塁には投げずに、プレートを外してから、三塁走者の動きを確認したが、スタートへの反応が遅れ、本塁は間一髪のタイミングでセーフになった。

昨年、新庄監督にまんまとやられたあと、齋藤に「うちとの試合でフォースボークを決められたの覚えている？」と確認すると、「もちろん覚えていますよ。あれから、一、三塁で同じことが起きたら、プレートを外してすぐに三塁ランナーを見るようにしています」と教えてくれた。齋藤が投手であれば、防げたかもしれない。

［図⑩］フォースボークの一例

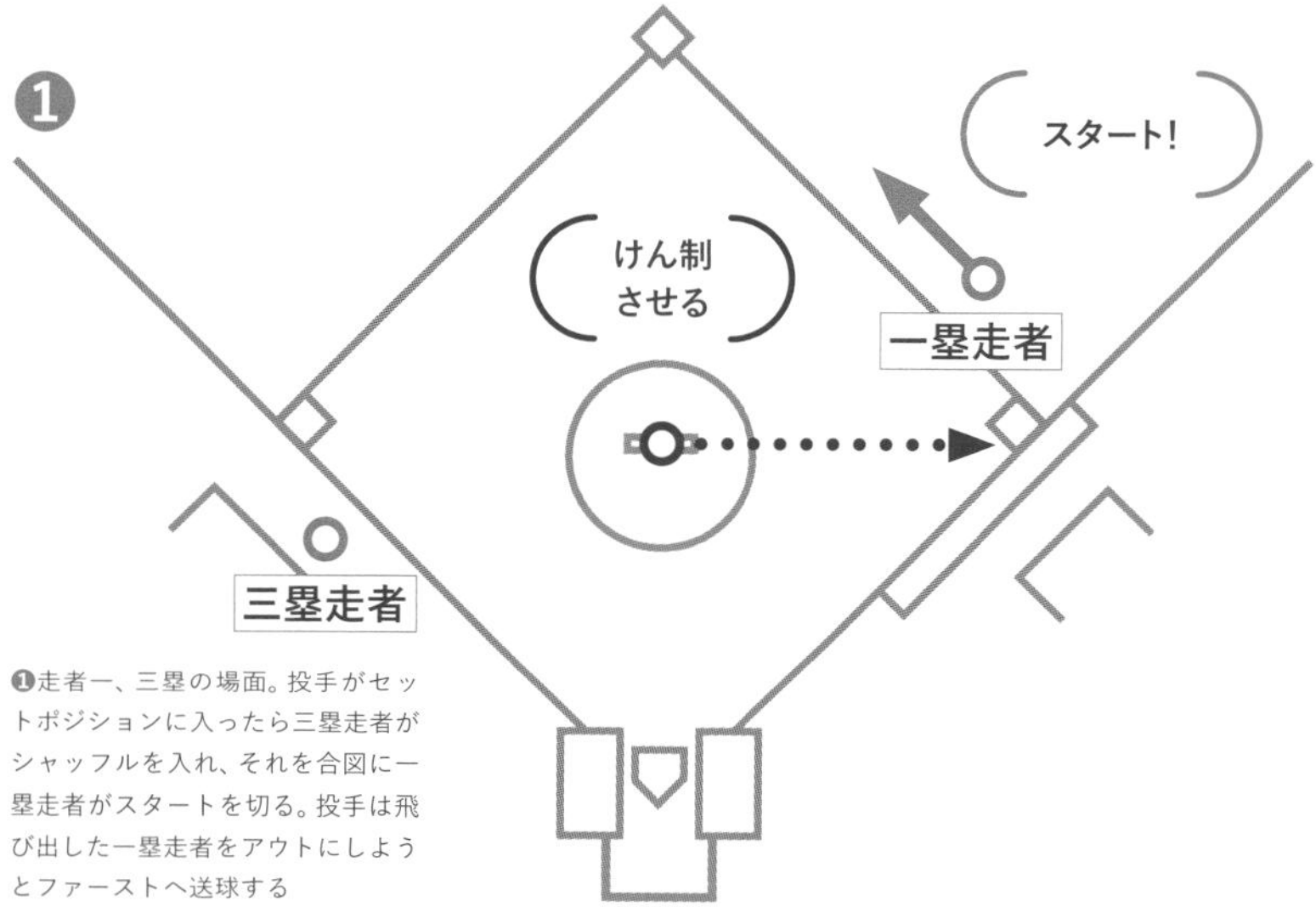

❶走者一、三塁の場面。投手がセットポジションに入ったら三塁走者がシャッフルを入れ、それを合図に一塁走者がスタートを切る。投手は飛び出した一塁走者をアウトにしようとファーストへ送球する

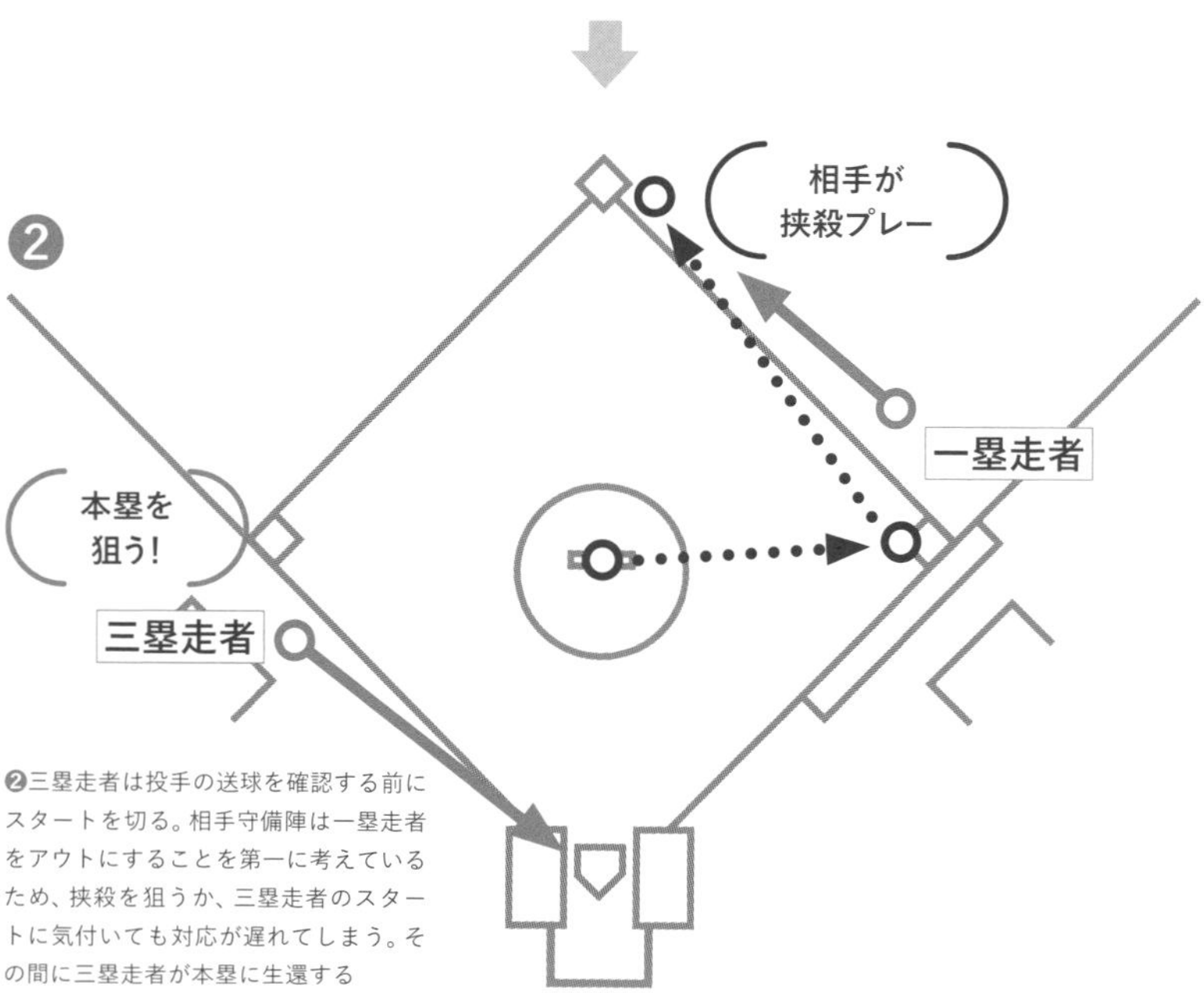

❷三塁走者は投手の送球を確認する前にスタートを切る。相手守備陣は一塁走者をアウトにすることを第一に考えているため、挟殺を狙うか、三塁走者のスタートに気付いても対応が遅れてしまう。その間に三塁走者が本塁に生還する

［走者二、三塁］二塁走者は囮になる

あえて飛び出して、ボールを投げさせる

二、三塁や満塁の場面で、三塁コーチャーボックスから三塁走者に伝えていたことがあった。

「もし、二塁にけん制したら、ホームを狙えよ」

足が速いランナー限定であるが、二塁けん制の間にホームを狙う。サードが離れている場合には、一次リードを大きく取ることもできる。投手→二塁→本塁とボールが渡るのは、思った以上に時間を有するものだ。特に、二塁けん制にショートが入った場合は、三塁走者のスタートに気付くのが遅れる。自分の背中側でプレーが起きるため、周りからの声で反応するしかないのだ。

二塁走者はあえて大きいリードを取り、意図的にけん制を誘う。そして、けん制がきたとこ

MEMO
・二、三塁や満塁の場面では、後ろの走者が囮になって前の走者の本塁生還をアシストするプレーがいくつも存在する
・たとえ後ろの走者が囮になってくれても前の走者は油断せず、全力で本塁を狙う必要がある

ろで戻るフリをして、その場で止まる。二死二、三塁や満塁で、下位打者が打席にいるときに仕掛けたいトリックプレーである。

一、三塁の項目でも解説したが、**後ろの走者は囮（おとり）になることが重要なプレーが存在する。**自分はアウトになってもいいので、三塁走者の本塁生還をアシストする。

1点ビハインドの攻撃で、一死二、三塁から定位置のレフトフライが上がったとイメージしてほしい。タッチアップを狙うが、本塁のタイミングはギリギリ。このとき、**二塁走者もタッチアップの構えに入り、歩いてでもいいので、二塁から飛び出す。**カットマンに入った内野手が、二塁走者の動きに釣られて、「こっちのほうが確実にアウトにできる」と思ってくれたら儲けもの。**タッチから逃げる間に、三塁走者がホームを踏むことができれば、同点に追いつける。**

このとき、**三塁走者はスピードを緩めずに、全力でホームを駆け抜けること。**「本塁に投げてこない」と油断している間に、囮になったはずの二塁走者が先にアウトになる可能性もある。

走者二、三塁からのセンターフライやライトフライでダブルタッチアップを狙い、三塁走者の本塁生還よりも先に、二塁走者が三塁でアウトになることが稀にある。二塁走者の判断ミスではあるが、三塁走者が緩めていることもじつは多い。ホームコーチャーも、「全力で駆け抜けろ！」とジェスチャーや声で伝えるべきであろう。

現役時代の通算成績

年度	所属球団	試合	打席	打数	得点	安打	二塁打	三塁打	本塁打	打点	盗塁	犠打	犠飛	四球	死球	三振	打率
1996	中日	—	—	—	—	—	—	—	—	—	—	—	—	—	—	—	—
1997	中日	63	74	67	9	12	2	0	0	2	12	5	0	1	1	16	.179
1998	中日	7	1	1	2	0	0	0	0	0	0	0	0	0	0	0	.000
1999	中日	16	4	4	4	1	0	0	0	0	1	0	0	0	0	1	.250
2000	中日	40	12	10	11	2	0	0	0	3	3	0	2	0	0	4	.200
2001	中日	111	304	272	53	92	12	1	4	23	13	10	1	20	1	48	.338
2002	中日	131	445	406	43	105	7	1	2	18	16	25	2	9	3	59	.259
2003	中日	133	472	417	42	99	13	5	3	41	16	24	3	25	3	68	.237
2004	中日	138	640	602	93	176	23	1	3	44	39	7	3	26	2	87	.292
2005	中日	145	674	623	88	181	22	3	2	41	42	6	4	36	5	74	.291
2006	中日	112	506	464	69	139	19	1	2	31	30	15	0	26	1	49	.300
2007	中日	113	510	457	66	120	15	0	1	25	31	30	1	22	0	55	.263
2008	中日	130	591	538	64	131	15	2	4	28	32	15	1	35	2	81	.243
2009	中日	140	631	582	80	157	21	1	2	38	37	19	1	25	4	70	.270
2010	中日	136	625	579	65	170	29	5	3	39	20	5	1	38	2	73	.294
2011	中日	135	593	543	58	143	20	2	2	24	18	10	1	36	3	73	.263
2012	中日	129	569	510	50	128	21	1	3	31	12	36	2	19	2	65	.251
2013	中日	105	384	338	35	75	9	0	0	19	12	18	2	25	1	33	.222
2014	中日	109	471	395	46	106	17	2	1	21	17	33	1	39	3	63	.268
2015	中日	97	238	211	23	53	10	0	0	13	9	6	1	20	0	31	.251
2016	中日	93	321	289	25	71	8	1	1	16	13	14	0	15	3	39	.246
2017	中日	85	267	249	17	62	6	1	0	8	5	5	0	13	0	41	.249
2018	中日	52	84	82	11	22	6	0	1	3	0	1	0	1	0	13	.268
通算		2220	8416	7639	954	2045	275	27	34	2476	378	114	26	431	36	1043	.268

構成
大利 実

カバー・本文デザイン
松坂 健（TwoThree）

カバー・本文写真
松岡健三郎

写真
産経新聞社

DTPオペレーション
松浦竜矢

編集協力
花田 雪

編集
滝川 昴（株式会社カンゼン）

撮影協力
ベースランド新木場（https://baseland.co.jp/）
東京都江東区新木場3-4-11
03-6457-0977

荒木雅博

Masahiro Araki

1977年9月13日生まれ、熊本県出身。熊本工業高から1995年のドラフト1位で中日ドラゴンズに入団。ゴールデングラブ賞6回、盗塁王1回(通算378盗塁)のタイトル実績が示すとおり、抜群の脚力と安定した守備で2000年代の中日黄金期を中心選手として支えた。また2004年からは3季連続でベストナインに選出。2017年に2000本安打を達成。翌年に現役を引退した。同年、二軍の内野守備走塁コーチに就任し、2020年から2023年までは一軍の内野守備走塁コーチを務めた。2024年は野球解説者・評論家として活動している。

プロフェッショナル
走塁解体新書

発行日　　　2024年5月27日　初版

著　者　　　荒木雅博
発行人　　　坪井義哉
発行所　　　株式会社カンゼン
〒101-0021
東京都千代田区外神田2-7-1 開花ビル
TEL 03(5295)7723
FAX 03(5295)7725
https://www.kanzen.jp/
郵便為替 00150-7-130339
印刷・製本　株式会社シナノ

ISBN 978-4-86255-721-6
Printed in Japan
定価はカバーに表示してあります。

ご意見、ご感想に関しましては、kanso@kanzen.jpまでEメールにてお寄せ下さい。お待ちしております。